了不起的

头脑体操

时空机器大冒险

〔日〕多湖辉 著 〔日〕水野良太郎 绘 安伊文 译

人民文学出版社
PEOPLE'S LITERATURE PUBLISHING HOUSE

著作权合同登记：图字 01-2022-5005 号

ATAMA NO TAISOU DAI 6 SHUU
TIME·MACHINE NO DAIBOUKEN

图书在版编目（CIP）数据

时空机器大冒险 / (日) 多湖辉著 ; (日) 水野良太郎绘 ; 安伊文译. -- 北京 : 人民文学出版社, 2023
（了不起的头脑体操）
ISBN 978-7-02-017625-0

Ⅰ. ①时… Ⅱ. ①多… ②水… ③安… Ⅲ. ①儿童故事 - 图画故事 - 日本 - 现代 Ⅳ. ①I313.85

中国版本图书馆CIP数据核字(2022)第224283号

责任编辑　卜艳冰　贾芳凝
装帧设计　汪佳诗

出版发行　人民文学出版社
社　　址　北京市朝内大街166号
邮政编码　100705

印　　制　山东临沂新华印刷物流集团有限责任公司
经　　销　全国新华书店等

字　　数　86千字
开　　本　787毫米×1092毫米　1/32
印　　张　6. 25
版　　次　2023年1月北京第1版
印　　次　2023年1月第1次印刷

书　　号　978-7-02-017625-0
定　　价　39. 00元

如有印装质量问题，请与本社图书销售中心调换。电话：010-65233595

前言

来自时空机器制造者的问候

在经历了长时间的“休眠”之后，《了不起的头脑体操：天才俱乐部》出版了。这本书一经问世，便受到了广大读者一如既往的厚爱与更强劲的支持。受此鼓舞，我决定继续写作。

正如书名所示，“了不起的头脑体操”系列就是培养具有独创性的想象力和创造力的头脑的“体操”，目的在于让被这种或那种常识所支配、容易依赖于固定观念的头脑重新柔软起来。

持续进行这种“体操”，你的头脑就得到了足够的训练。但是，时代在不断进步，这要求人们具有更高的创造力、更广阔的视野，以及更深刻的洞察力。

对现代人来说，稍一不留神，所拥有的“创造力”就容易变成“老一套的观念”。要应对瞬息万变的世界以及多样化的思想，就需要灵活而且充满创造力的头脑。当然，不仅商务人士或者技术工作者需要，就连教师、学生、自由职业者，以及为人父母、子女、夫妻，也都是一样需要的。

为了检查是否拥有持续的创造力，进一步开发头脑，我在本册中邀请各位乘上时空机器再次出发。

时空机器，不用说，是能够超越时间、超越空间，自在地到达任何一个想到达的时代、想到达的地方的机器。我们人类是被时间、距离所束缚的存在。仅从常识出发，一天只有二十四个小时；地球到月球的距离约为三十八万千米，乘坐时速为五万千米的宇宙飞船大约需要八小时……

对于希望克服这样的制约，从而自在生存的人类来说，时空机器是最科幻，同时也是最科学的表达。这当然是现在流行的科幻小说独有的产物，但是这个愿望也在一步步实现中，就像飞机或者汽车的发明，我们把它说成宇宙开发计划也未尝不可。

为了应对妨碍我们发展创造力的常识、固有观念、容易放弃的想法、草率的决定等，我希望通过这次搭乘时空机器的旅行来与之对抗。因此，请大家搭乘我化身为塔格博士操纵的时空机器“了不起的头脑体操”，在这次航行中，尽情开发出伟大的创造力吧。

本集中的题目，是用时空机器将受人类委托的愿望加以分类、排列后形成的。也就是说，书中的世界先是超越时间与空间、从现有的世界框架的制约中解放出来，然后超越常识，最后变得充满创造力。

本集中收录的问题，应能与经过了难题修炼的诸位的大脑相对抗，尽是些需要下功夫找窍门的题。“头脑体操号”有时被黑洞所吞噬，有时突入流星群，有时说不定又会遭遇强大的磁场。但是，不要被困难、恐怖所击倒，大胆且细心地突破吧。

本书中，有相当一部分题目是从之前征集的智力题中选取的，这些题目凝聚了特别优秀的读者的创意，我将这些创意融入了题目中。此外，我们还事先请了从小学至大学的几位学生以及其他人士做了题目，获得了他们的答案，在解说中予以参考。

最后，向在本书写作过程中给予全面协助的芦原伸之氏，表示衷心的感谢。

那么，做好准备，登上时空机器“了不起的头脑体操”！

于时空机器操纵室

多湖辉

目　录

开幕词——创造性思考成就未来 ……… 1

1. 时空机器出发 ……… 9

——创造力世界之旅

2. 时空机器的冒险 ……… 51

——超时间之旅

3. 时空机器的活跃 ……… 83

——超空间之旅

4. 时空机器的漂流 ……… 119

——超次元之旅

5. 时空机器的返航 ……… 161

——超常识之旅

开幕词——创造性思考成就未来

思考的了不起之处

思考的妙处在哪里？在思考时，人类实现了完全的自由。无论拥有多么强大的权力或是多么无尽的财力，人类都不可能达到完全的自由。各种障碍或制约将我们束缚住，使我们感到痛苦。从这个意义上来说，人类的思考完胜这一切。它超越了时间、超越了空间，将我们带入无限的世界中。

通过思考，人类能够实现自由，也使充分享受作为人类的幸福成为可能。

“思考”虽说是简简单单的一个词，但是其实它蕴含着各种各样的意味。想到了恋人的什么事情，或是去解一道数学题，都可以用“思考”这个词来表达。那么，“思考”究竟所谓何物？

人类的思考，从大的方面来说可以分为两大类，一类被称为再生性思考，一类被称为生产性思考。而通常人们所说的，是指前者，也就是再生性思考。

创造性思考的进步

再生性思考，是以记忆为基础的思考。在我们的头脑中，积蓄着通过各种体验和学习而产生的记忆。遇到某个问题时，首先被动员起来的就是与这个问题有关的过去的体验或是记忆中的知识。问题的解决，会加深这种体验或知识的印象。再次遇到同样的问题时，记忆再生，通过简单的组合形成思考，这就是再生性思考。在日常生活的范围内，很多问题用再生性思考就能解决。

比如说，你正走在路上，突然一阵大雨浇了下来。我们的头脑马上发掘出和下雨有关的知识记忆，会想到去找把伞或是穿件雨衣就不会被淋到了。又或者，转过某个街角有一棵可以躲雨的大树，雨不大所以奔回家用毛巾擦一下就可以了，这种是基于过往的记忆，这就是一种再生性思考。仅凭再生性思考，我们就能找到足以处理事情的办法。

但是，有时候会出现无论怎么运用再生性思考都无法解决的难题。这个时候就需要生产性思考登场了。比如，明天有一个印度人来家里做客，该怎么招待？这个问题简直毫无头绪呀！

这个时候，我们开始拼命从自己已有的知识或体验中去寻找答案。结果自己未曾留意过的、一直处于休眠状态中的许多记忆，一旦受到了某种刺激，便蠢蠢欲动，生产性思考的道路由此被打通。印度人吃饭不用左手，现在正好是吃虾的季节，因此以仅用右手就能吃的烤虾串为主角，做一顿接风料理。就像这样，之前想都没想过的主意由此产生。

本身并无关联的知识和经验被激活，以新的形式结构组合，替换原有的内容，于是，创意——或称创造性思考——由此诞生。

有思考习惯的人，已有的知识被激活，因此几乎没有僵死的记忆，头脑中自然遍布着柔软的思考网络。无论遇到什么样的难题，都会创造出新的解决方法，使难题的解决成为可能。这种创造出有飞跃意义的高维度的思考，虽包含在生产性思考的范畴中，但我特别将它命名为“创造性思考”。换句话说，所谓真正的思考，必定是这种不受任何束缚的创造性思考。

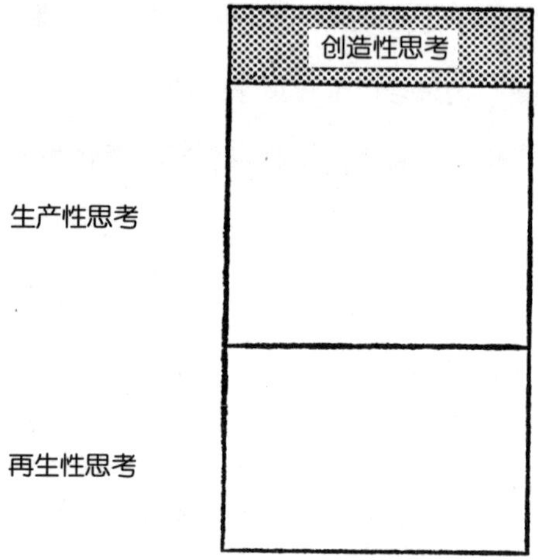

思考的分类

创造性思考的方法

那么相反，“不思考”又是什么呢？那是指思考模式化，陷入陈规，变成了例行程序。不擅用脑子思考的人，其知识是一条一条孤立的，思考的网络被分割得支离破碎。遇到问题时，他们能用固有的思维模式去处理，但不能用固有模式去处理时，他们立即束手无策。

例如，模拟鸡的叫声时，可能是因为教育的原因，头脑固化的人只知道用“咯咯咯”去表达。但美国、法国、意大利、德国等不同国家表达鸡的叫声的方式各不相同。诗人荻原朔太郎在表现狗的吠声时，也用了不同的表现方式。打破固有观念，创造新的表达方式，是人为进行创造性思考而跨出的可喜的一步。

那么，为了实现从模式化思考向创造性思考的世界级飞跃，到底该怎么做呢？

首先，要提高知识的质、增加知识的量。对于自己专业领域以外的知识，也要尽可能不厌其烦地去收集。并且为了需要的时候能手到擒来，经常把它们挖掘出来看看也是必要的。另外，对于某个问题，即使能给出答案，也不应满足于此，一定要想想还有没有其他答案，或是这个答案还有没有可改进之处。

创造性思考，正是在这样不断消化知识、形成柔软且缜密的思维网络中形成的。不懂量子力学的人，是不会有量子力学上的发现的。但是，仅仅知道还远远不够，还需要能自由地将那些知识进行各种组合。拥有大量高质量的知识，并能自由地穿梭于那些知识架构出的思考通道中，这两点是产生创造性思考的必要条件。

创造性思考的过程

创造性思考，是让人类进步、发展到今天的原动力。我在“了不起的头脑体操”系列之外也强调这种创造性思考的重要性。

创造性思考，通常要经历以下几个阶段（根据心理学家瓦拉斯的理论）。

1. 准备期（preparation），各种知识、体验的积蓄。这是创造性思考的素材在头脑中充电的阶段。

2. 孵化期（incubation），头脑中的记忆自由组合、结合的成熟期。被激活的记忆与各种素材结合，形成思考的网络以备运用。

3. 启示期（illumination），创造性思考爆发的瞬间。各种各样思考的素材自由组合，创造出意外闪耀的灵感或创意。

4. 验证期（verification），对第3阶段得来的灵感或创意加以理论化的分析，并结合其他外部条件的阶段。创造性思考也需要具有现实的力量。

以上创造性思考的阶段中，第一步的准备期，是每个人应当各自准备的。“头脑体操”所能发挥的威力，是针对孵化期和启示期的。使固执的头脑软化，为僵硬的头脑松绑，这才是我所期望的。此次本册的问题，也都是经过精挑细选的杰作。头脑如果没有处在“孵化期状态”，是很难解答的哟。并且，从问到答的过程，也是“孵化期”向“启示期”的飞跃。希望读者们能在“了不起的头脑体操”中，领会到创造性思考的奥秘。

向超次元世界进发

最后，作为向创造性思考前进路途中的路标，我还想给大家介绍下面一对思考法：集中性思考和扩散性思考。它们是现今具有代表性的思考方法。其中，扩散性思考在开发创造力方面极具优势，美国的吉尔福德教授如是说。所谓集中性思考，是指在通常被认可的解答中寻求一个答案。而与此相对，所谓扩散性思考，是面向非一般性的解答、寻求各种各样解答的思考法。

现在的学校教育主要以集中性思考的训练为重点。在数学课程中进行带有逻辑性和分析性的思考训练就是其典型。这样的问题通常要求答案是唯一的，而一旦这个答案出来，思考活动也就停止了。

但是，仅仅凭借这样的集中性思考，无论距离创造性思考有多远，答题者都会觉得这道题已经掌握了。即使在数学的世界，创造者也是不断挑战新解法的人。除了一般的解法，还有没有特殊的解法？除了这一个解法，还有没有其他解法？越是驱使头脑转动起来，创造力世界的大门就越是向你敞开。

思考，就是一场抛开所有束缚，奔向自由的时间与空间的旅行。超越现在的时间，超越所处的空间，元气满满地向未知的思考世界出发吧！

头脑的时空机器，引擎已发动！代替我给大家引路的是塔格博士。让我们一起倒数：三、二、一，出发！

1. 时空机器出发——创造力世界之旅

时空机器搭乘指南 1

朝创造力世界出发，是迈向创造性思考的第一步。我们平时用惯了的头脑，在再生性思考阶段就止步不前，这是常态。但再生性思考是谁都做得到的、简单的、非创造性的思考。现在要求大家做到的是，当有事情发生时，头脑能够切换到创造性思考。黑猩猩看到从天花板上吊下来的一串香蕉以及在地板上放着的几只木箱后，在某一个瞬间，它突然开始把木箱一个一个摞起来，站到上面去够香蕉，创造性思考就此产生。

时空机器从我们的日常世界出发，超越时间、空间。这趟旅行是否能真正成为向创造力迈进的旅行，取决于你的用心程度。在本章中，时空是跳跃的，通往未来、过去、宇宙……为了赶上瞬息万变的世界，扔掉所谓的常识与固定观念吧！这是给时空机器搭乘者的第一条建议！

问题

公元 2310 年

（限时 2 分钟）

塔格博士的时空机器在未来的火星上着陆了。为了宇宙开发，A 国和 B 国都要在那儿建基地。A 国和 B 国在火星上都有一块由半径为 10 千米的圆规画出的领土，但是 B 国的领土面积远远超出 A 国。不考虑土地起伏的情况，请问这究竟是怎么回事？

答案

如图，B 国占有火星上的大部分土地，而 A 国只有剩余的部分。

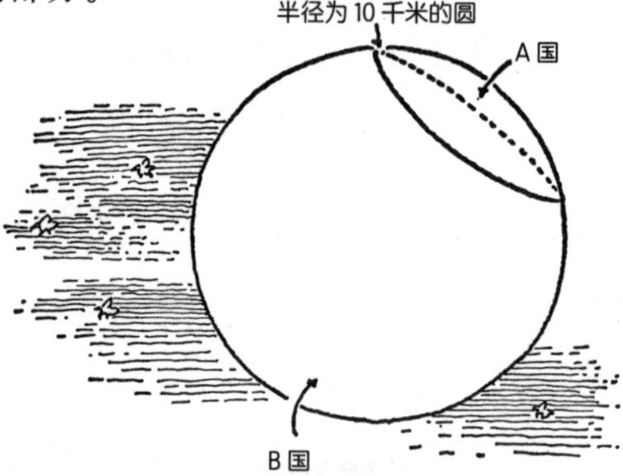

☆电脑的分析

这是一个当运用反向思维时就会产生巨大差异的极好的例子。当我们看到“直径”“半径”这样的词时，通常是在平面考虑，但是如果将火星视为球体，结果就不一样了。

☆数据库信息

1976 年，美国的海盗号宇宙飞船在火星登陆。但是，人们期盼的“生命存在的证据”却终究未能找到。

问题

公元 205 年

（限时 3 分钟）

现在，我们来到了罗马时代的意大利。城市建设进行得如火如荼，到处都是下水道工程。一名工程人员向塔格博士提出了这样的问题：

下水道的窨井盖通常是圆形的。与四边形相比，它可能有制造起来比较方便或是搬运起来比较方便的优点。但是除此之外，还有必须做成圆形的无可辩驳的理由，请问是什么？

答案

因为一定不能发生井盖从井口掉落的事件。如果是四边形或是三角形的井盖，在取出或是盖上井盖的时候，都有可能会发生掉落，这是极其危险的。

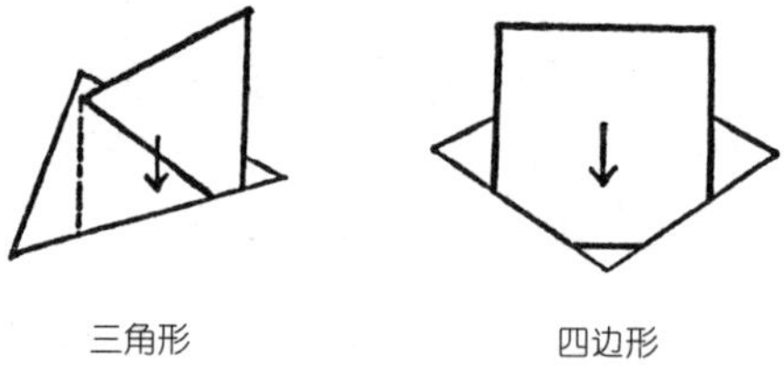

☆电脑的分析

我们平时在路上或在家中司空见惯了的形状，其实有时隐藏了非常重要的意义和法则。比如，铅笔做成六角形，是为了防止它从桌上滚下来。敏锐地看透这种形状的意义，可以在日常生活中产生许多优秀的创意。

问？题

公元 1978 年

（限时 2 分钟）

在操纵时空机器时昏昏欲睡的塔格博士，想到了这样的问题：

从你出生到现在，睡着的次数和醒来的次数哪个多？多多少？

◎据说不眠时间的最长纪录，是 101 小时 8 分 30 秒，也就是 4 天零 5 个小时。

答案

如果出生的时候是睡着的，那次数相等。如果出生的时候是醒着的，那醒来的次数多一次。重要的是，现在正在看这本书的你，是醒着的呀。

☆电脑的分析

不会有一边睡着一边还能看书那么厉害的人吧？有的人想得太多，还掰着手指头数这一周是怎么样的。其实这就和“上坡和下坡哪一个多”的智力题一样，不用想太多，凭直觉回答就行。

问题

公元 1928 年

（限时 3 分钟）

昭和时期的列车车厢里，有两位时髦女郎相向而坐。她们俩好像认识，但谁也不和对方说话。列车驶入了一段黑漆漆的隧道。驶出时，不知道是不是风向的原因，其中一个人的脸上被吹得满是煤灰，黑黢黢的，另一个人的脸上完全没有脏。但奇怪的是，急急忙忙去洗脸的那个是脸上不脏的女子，而那个满脸煤灰的女子却安然不动。请说明这两个人为什么会有这么奇怪的行为。

答案

看到对方脸上脏了的女子，以为自己的脸上也脏了，因此去洗脸。同样，看见对方脸上不脏的女子，以为自己脸上也不脏。

☆电脑的分析

“两个人中的一个是被白色的烟弄脏了脸”“其中的一个本来就是黑人”……类似奇奇怪怪的回答有很多，但是如果好好看问题的话，就应该注意到那些都不正确。回答智力问题时，首先要正确地分析给出的条件。这道题中，“谁也不和对方说话”这样的条件只是干扰而已。

☆数据库信息

日本最初的铁路是明治五年（1872年）开通的东京到横滨之间的铁路。因为没有厕所，如果谁憋不住小解，会被处以罚金。

问题

公元 1299 年

（限时 3 分钟）

这张扑克牌的正面是什么？请想出能准确得知的办法。

答案

翻过来看一下就行啦。如果不是超能力者，不可能猜出正面的吧？这道题的答案就是：梅花 4。

☆电脑的分析

将“准确得知”这种表达与“不能翻转”微妙联系在一起的人应该不少吧？但是，问题中可没有写这样的条件哟！请仔细审题。这种一眼看上去不可能的问题，如何去找准答案，是我们应该好好考虑的课题。

☆数据库信息

关于扑克牌的最早的记录据说存在于 1299 年的意大利。那时的每一张牌，都具有太阳、正义、罪恶等各种各样的意思。

问题

公元1320年

（限时3分钟）

中世纪的西班牙荒野中，一名像堂吉诃德一样的骑士骑着一匹驴子，后面坐着一个家臣模样的人。

“嘿，来自未来的朋友！昨天早上，我9点骑着马从家里出发，到达家臣的家里是9点半。办完事已经10点了。但是，马沿着同样的路折回，到家的时间还是10点。这匹马又不能飞，那么这样的事情可能吗？”

◎沉迷于自己的空想中的理想主义者，被称为是堂吉诃德型的人。

答案

所谓的“办完事”，就是让家臣同自己回家。

☆电脑的分析

所谓“办事”，就一定是停留在某个地方做什么事，很多人是这么想的吧？但是，这种“移动”就是事情本身的情况也不少呢。我们的头脑中一旦形成了固定观念，再要消除它就变得很困难。一字一句地好好斟酌是必须的。有一名小学生的回答很值得一看。他说：“那件事情，就是骑士搬到家臣的家里。”他的回答提供了很好的角度，只是与问题的条件不符，所以不能算正确答案。

问题

公元 2405 年

（限时 7 分钟）

一块厚木板上有如下所示的四个洞。有一个立体的东西，能从这四个洞里无缝穿过，请问这个立体的东西到底是什么样？

答案

用海绵做成的东西。

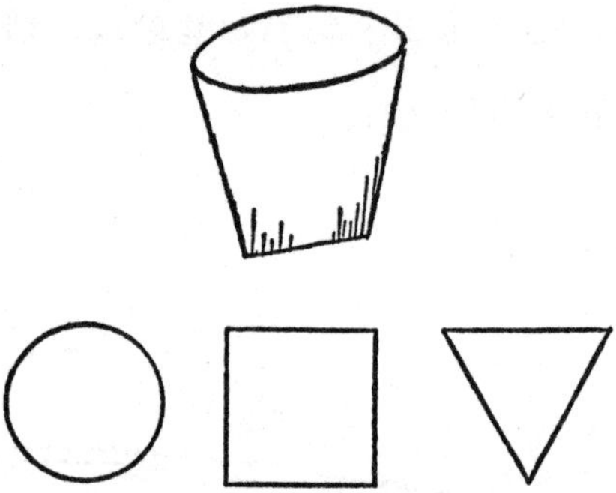

新干线的纸杯及其投影图

☆电脑的分析

如果思维跳不出形状的限制，这道题就很难。进行思维扩展时，容易想的东西如上图中的新干线上的信封式纸杯，从三个方向上看去，大抵是圆形、四边形和三角形。但是，很难想象它能从四个洞中无缝穿过，何况是题目中规定的洞口的形状，更是不可能。那么，重新读一遍问题：“是什么样的东西?”有人回答“空气”，空气不是“立体”的，所以不能算对，但是这个着眼点是对的。如果能注意到海绵这类材质，那就更进一步了。

问？题

公元 1690 年

（限时 5 分钟）

在江户城中工作的武士，遵守一个很奇怪的规则。比如，休息日时，如果前一天是工作日，则次日也休息，如果前一天是休息日，则次日为工作日。此外，工作日时，如果前一天的前一天是休息日，则次日是工作日，如果前一天的前一天是工作日，则次日休息。

那么一年 365 天中，这名武士的工作日是多少天？周末节假日之类的情况，一律忽略。

答案

219天。表述起来比较复杂，简单来说，就是“连续工作三天之后连续休息两天”，依此循环。也就是说，五天里有三天是工作日，365天的五分之三，也就是219天是工作日。

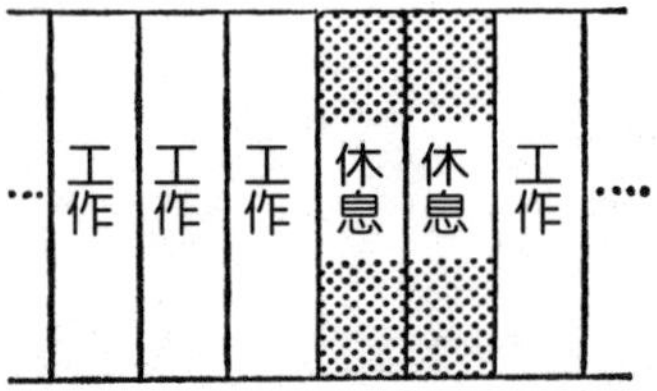

☆电脑的分析

从本质上来说很简单的事情，用题目中的表述方式就变得格外复杂。法律之类的问题也是如此。希望读者们都有一双发现事物背后本质的慧眼。

☆数据库信息

江户时代的武士通常是五六个人一组执勤。排班表排得清清楚楚，但是如果遇到流鼻血之类被血污秽的事故，则不能上岗。

问题

公元 629 年

（限时 2 分钟）

迎面而来的，是去天竺国取经的三藏法师一行，于是塔格博士问了这样的问题：

有一枚银币，用四角形的布包起来，将布的四个角穿过一枚指环。这样银币是取不出来的。现在把布展开，请四个人分别握住四个角，如何在不放手的情况下把银币取出？当然，不能把布、指环剪开或弄坏。

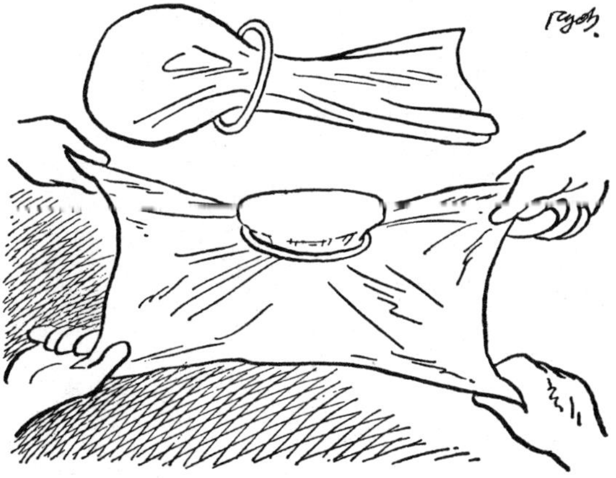

答案

用手向外轻轻挪动指环，一边将布放松，将指环挪到布的边缘就可以。

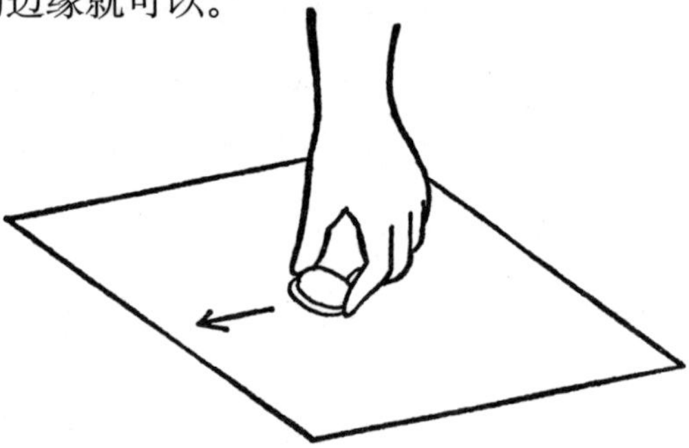

☆电脑的分析

乍一想觉得好像不可能，但其实解决这样的问题比想象的简单。实际操作一下，马上就能解决。此外，还有各种各样的答案，比如当时中国的银币柔软且可以折叠成小块等。但是，只要用手帕和 10 日元硬币尝试一下，这道题几乎人人都能解开。

☆数据库信息

中国古典文学名著《西游记》中有名的唐三藏在历史上确有其人，他的本名叫玄奘。

问题

公元 1960 年

（限时 5 分钟）

摇滚乐流行的美国迪斯科舞厅中，一个扎着马尾辫的女子对着从时空机器中降落的塔格博士耳语道："我没有喝酒哟！我想画一条直线，可怎么看，画出来的都是一条曲线。可是我想认认真真画曲线的时候，画出来的却是一条直线。你能不能告诉我这是怎么回事？当然，我用的是平铺着的纸和普通的笔。"

答案

因为她把纸铺在了正在转动的唱片上。

☆电脑的分析

想画直线结果画成了曲线，想画曲线的时候又变成了直线，任谁都会觉得不可思议吧？解决这道题的关键，在于平时生活中发生这类事情的可能性有没有浮现在脑海中。如果是很了解音乐的年轻人，应该很快就能想到。想到之后再实际操作一下，会发现要画曲线但实际成了直线的情况并不容易做到。唱片的外围比中心的转速大得多，所以需要有一定的技巧。

问？题

公元 1006 年

（限时 3 分钟）

那个正在卷纸上写《源氏物语》的，不是紫式部吗？紫式部女士，以下这个问题，你能解答吗？

将一张细长的纸对折，一边比另一边长 1 厘米。重新对折一次，这一次相反，另一边比这边长 1 厘米。请问两次的折痕的间隔是几厘米？

答案

1 厘米。

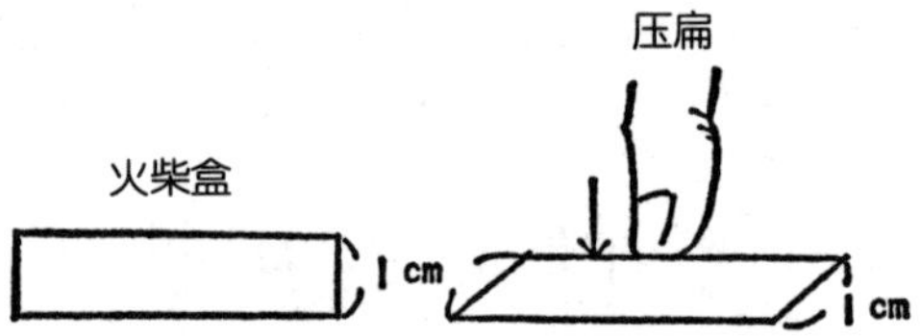

☆**电脑的分析**

将厚度为 1 厘米的火柴盒压扁，就比较容易理解这道题了。这样的话，侧面折痕的间隔为 1 厘米。这道题也是如此，在日常生活中，可以以此拓展出很多用来做智力问答的素材。在头脑中想象的话会觉得混乱，因此很多人会拿一张纸来折折看。但是这道题，希望读者们仅用推理就在头脑中把问题解决了。

☆**数据库信息**

这本日本著名作家写作的《源氏物语》存在着大量的谜团，比如只有标题没有文章的篇章、前后编的文体差异过大等，是研究者的宝库。

问？题

公元 1981 年

（限时 8 分钟）

以下这个等式是不成立的。但是，在某种情况下，这个等式可以成立，请问是什么情况？

8-6=9-5

答案

如图所示，这是电子计算器显示的数字。“8”减去“6”以后，只剩下右上方一根竖棒，“9”减去“5”以后同样也只剩下这一根棒。

☆电脑的分析

电子计算器其实很有意思。除了可以利用运算功能做各种各样的游戏以外，如果把注意力集中在它使用的数字的字体上，还能发现一个崭新的世界。这道题，如果从字体上看出“啊，这不是计算器嘛”，却怎么也算不出“8-6=9-5”，说明你的头脑需要更进一步的飞跃。

问？题

公元1840年

（限时10分钟）

两个人各出了一半的钱买了一张彩票，中了10000日元。两个人决定把这笔钱分掉。他们各自背着对方，在纸上写出自己想从这10000日元中分得多少，然后同时向对方出示字条。金额高的一方可以获得全部日元，但要向对方支付对方字条上写的金额。如果两个人写的金额一样，则各自分得5000日元。为了尽量不吃亏，应该在纸上写多少金额？

◎江户时代的彩票，是用锥子刺穿写有号码的木札决定中奖数字的。

答案

5001日元。

☆电脑的分析

写5001日元，即使对方也写同样的金额，也不至于拿得比对方少。这道题用具体的数字来举例比较容易理解。如果自己写的是5001日元而对方写的是3000日元，则自己拿进10000日元，给对方3000日元，自己比对方多拿4000日元。反过来，如果对方写了6000日元，则对方拿进10000日元但要给自己5001日元，对方实际只拿到了4999日元，自己还比对方多了2日元。如果对方也写了5000日元、5001日元这样的金额，至少自己不会倒贴。

问题

公元1378年

（限时6分钟）

一位老爷爷出去赏花，在某一家店里买了某个东西吃。吃了2个花了30日元，吃了4个花了60日元，但是吃了12个一共花了120日元。请问他吃的究竟是什么东西？

答案

答案是一串团子之类的食物，每一串上有三个，一串 30 日元。即使吃了两个剩下一个，也要付 30 日元。

☆电脑的分析

仅凭常识来计算，这似乎是不可能发生的。但是，一旦转换成日常生活的场景，很多事情就变得有可能发生了。如果不计算抽象的数字，而是联想到“30 日元”“60 日元”指代的是具体的物品，就找到了解决问题的头绪。

☆数据库信息

1378 年，足利幕府的第三代将军足利义满搬到了被称为“花之御所”的位于室町的新邸。

问题

公元 3312 年

（限时 7 分钟）

想把金星上特有的大理石装箱运回来，箱子内侧的长、宽、高都是 30 厘米。大理石的大小如图中所示，请问箱子中最多能装几块大理石？

答案

六块。首先如下面左图所示装入三块，接着如右图所示加上三块。

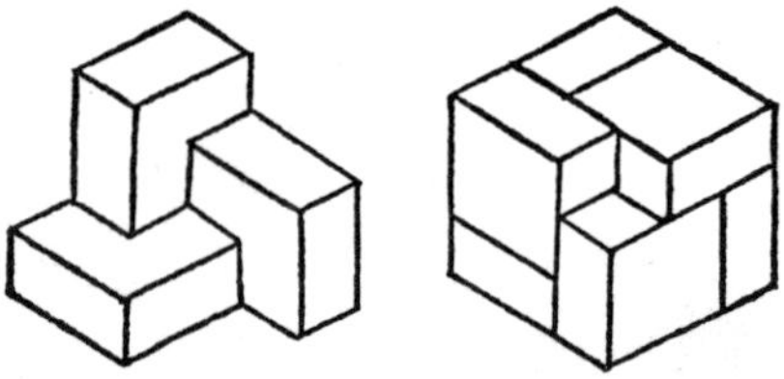

☆电脑的分析

这样装的话，10 立方厘米的空隙仅有三个。如果仅从数字上来考虑，（30×30×30）÷（20×20×10）=6.75。也就是说，装不下 7 块，但是显然 5 块肯定能装得下。那么，6 块能不能装得下呢？这是问题的关键。我经常说，对于这一类的智力题，试错很重要。如果在头脑中思考不行的话，可把橡皮之类的东西切开，来实际操作一下试试。

问题

公元 1759 年

（限时 2 分钟）

这是建成不久的大英博物馆，其中某一幢建筑有如下图所示的九个房间，入口为 A，出口为 B。现在要求从 A 进入，穿过所有的房间后从 B 出来，如果希望尽可能减少转弯的次数，应设计什么样的路线为好？如图所示的虚线路径就转了六次弯。

答案

如图所示。

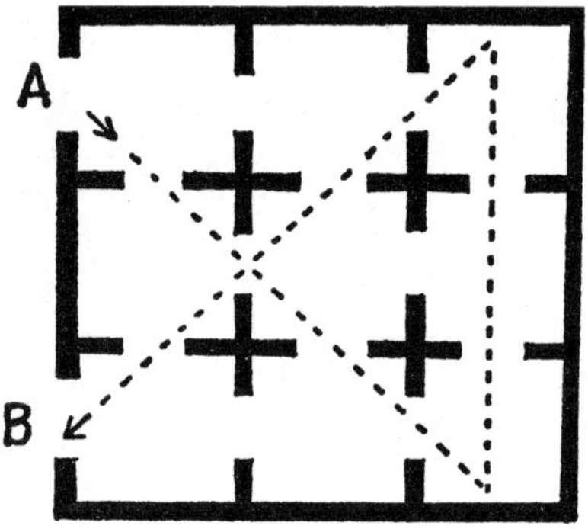

☆电脑的分析

如果用穷举的方式慢慢分析，这道题很难。虽然题目中举的例子是转直角弯，但是不能把转直角弯看作题目限定的条件。有必要给僵化的头脑松松绑了。总之，特地画出建筑的全局图，就是希望读者们能从全局去观察。

☆数据库信息

这一年，大英博物馆开馆，同期开馆的还有珍藏着贵重书籍的大英博物馆图书馆。博物馆内关于古埃及的艺术品尤其丰富。

问题

公元 1276 年

（限时 5 分钟）

在飞船上和塔格博士交谈的是意大利著名的探险家马可·波罗，塔格博士问了他如下的问题。

“这是我去中国的时候遇到的一对夫妇的故事。这对夫妇分别是 57 岁和 55 岁，他们结婚以后每天必吵一架。但是上个月一共只吵了 26 架，请问这可能吗？当然，中国的日历中也没有比平年 2 月的 28 天更少的月份了。”

答案

可能。因为那对夫妇是上个月结的婚。

☆电脑的分析

不能被 57 岁和 55 岁这样的年龄所迷惑，中年结婚也不是什么奇怪的事情啊！在回答中，“因为他们吵了通宵，所以二天只能算吵了一回”“那个月有中国的节日，只能算 26 天”之类的回答，由于和问题的条件不符，所以不能算正确答案。

☆数据库信息

马可 · 波罗，意大利旅行家，据说他 1271 年从故乡意大利出发，于 1275 年到达中国访问，那时中国正值元朝。他于 1295 年结束旅程回国。

问题

公元 1850 年

（限时 2 分钟）

正是美国西部大开发热火朝天的时期，塔格博士和助手特尔在某个酒吧里喝酒，突然闯进来三个粗鲁的人。他们看到桌子上放着四个啤酒瓶，摆放的位置如图所示。A 说：“我用三发子弹就能把它们全部击倒。”B 说：“我用两发就可以。”C 说：“我只要一发。”请问他们各自如何射击呢？

答案

A 和 B 如图所示射击。C 将子弹射向桌腿。

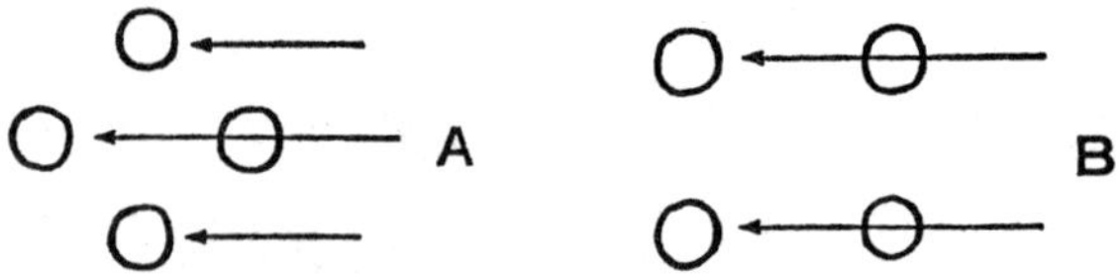

☆电脑的分析

这几位难对付的闯入者要想兑现自己的话，A 只需要对他自己的枪法足够自信就可以，B 在此基础上稍稍动了点儿脑筋，类似做了智力问答，而 C，莫不是看过《了不起的头脑体操》了吧？或者他本身就是这么一个不按常理出牌的人？回答这道题正确率非常高的是小学生，但其实要想到射击桌腿并不是特别难。是因为成年人的头脑固化，只会在同一个框架结构内思考问题吧！

问题

公元 740 年

（限时 3 分钟）

我的脸是极普通的脸。这次，我新买了一面镜子。镜子里照出来的**目**、**口**没什么奇怪的，但是**鼻**就很奇怪，**耳**是完全反的。请问这是为什么？

答案

因为镜子中照出来的是字。“目”和“口”照出来是一样的，但是“鼻”和“耳”就不一样。

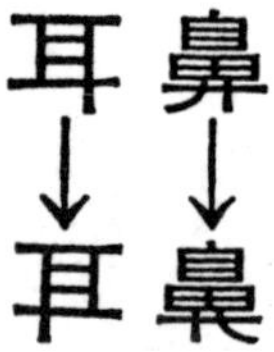

☆**电脑的分析**

汉字能表意，但同时它也是象形符号，这道题利用了思维的死角。这道题中的关键字加粗了，就是希望读者能从中体会到出题者的意图。“如果是塌鼻梁的话，光从下面照上来，看上去会像猪鼻子。耳朵藏在阴影里，所以几乎看不见。”有女大学生是这么回答的，这是亲身体验吗？

☆**数据库信息**

人类最初的镜子恐怕是水池或是河流，之后才出现了将金属表面磨光的东西。

■ 充电站

（限时 3 分钟）

时空机器要去充点儿电啦！趁这个时间，我们来做点儿小问题吧！

问题 1

月球上的重力只有地球上的六分之一，那么，月球上的鸟儿飞行的速度是地球上的几倍呢？

问题 2

如下图所示的一个立方体，六个面的中央各有一个洞。将正对面的两个洞相连，总共可以形成三条通道，洞的大小刚好够穿过一支铅笔。但是这个立方体里能同时穿过三支铅笔，请问这到底是怎么回事呢？

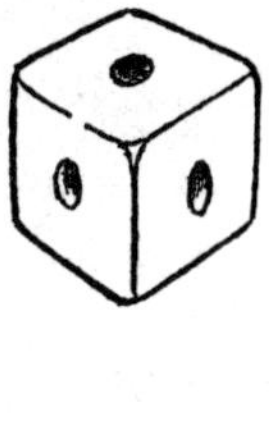

答案 1

月球上没有空气，所以不会有鸟儿在上面飞行——在飞起来之前就已经死啦。

答案 2

如图所示即可。还有一种办法，请读者们思考一下。

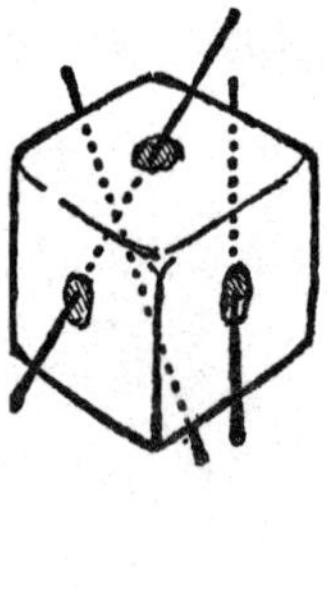

2. 时空机器的冒险——超时间之旅

时空机器搭乘指南 2

如何能超越时间——这个疑问，是人类从太古时代就开始的探索。世界各地的民族从其成立之初就会诞生该民族的神话。这些神话中描写长生不老、转世投胎之类的故事，显示出人想超越世间的愿望。

英国作家 H.G. 威尔斯在其科幻小说《时间机器》中记述了超时间的旅程。这种滑板车型的时间机器，恐怕是用机械实物来描述超越时间装置的最初样式了。之后，时间机器样式的发展可谓神速。除了像列车的踏板、像隧道等各种各样的机器外，甚至还出现了将城市整个搬迁到未来这样“高性能”的装置。威尔斯的法则其实到现在为止都未能实现。法国科幻作家儒勒 · 凡尔纳将很多连现在都无法想象的奇妙“发明”一项项嵌入他的小说中，结果，与神话一样，成了人类能用想象力超越时间的证据。

问题

公元 1978 年

（限时 4 分钟）

时空机器在位于东京的塔格博士的家中检修。有一天，塔格博士收到了一张明信片，如下图所示。请推理一下，寄出明信片的人住在哪个国家？

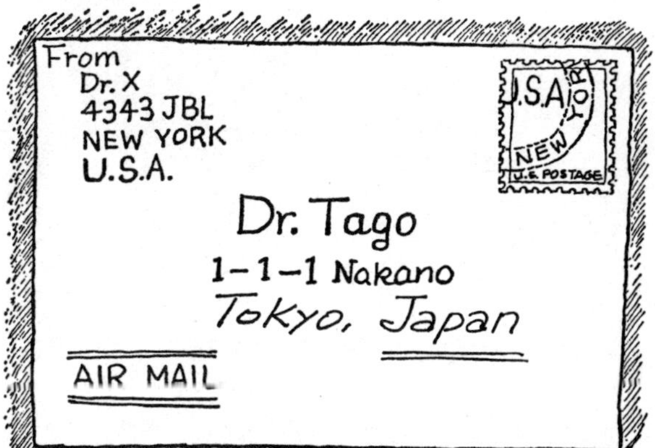

答案

日本。

上图中这样完整的邮戳才是由发信地寄出的。

☆**电脑的分析**

人们看到邮票上面写着“U.S.PASTAGE”，所以会以为这是美国的邮票，加上邮戳上有“USA NEW YORK”的字样，所以容易判断为是从美国寄来的。但是，且慢！再仔细看一下，会发现邮戳只在邮票上有，这明显是谁把用过的邮票撕下来，贴在明信片上，然后把明信片直接投入塔格博士家的信箱里。至于“AIR MAIL”（航空信）之类的文字，是另外写上去的。

问题

公元 247 年

（限时 1 分钟）

“我是邪马台国[1]的女王卑弥呼。我弟弟的心脏很弱，稍一兴奋就‘扑通，扑通’跳得厉害。有一天晚上，弟弟做了一个可怕的梦。他梦见敌国的间谍将一把利器刺入了他的心脏。我可怜的弟弟受到了惊吓，当场一命呜呼了。”

这话可信吗？

① 日本古国名。

答案

不可信。因为在睡梦中被吓死的人，怎么可能把梦到的事情告诉别人呢？

☆电脑的分析

这个故事从逻辑上看很完整，但是跳出说话人的角度再一想，就能发现她没有想到的矛盾之处。逻辑思考的层次分几个阶段，最终是为了形成完整的推理。

☆数据库信息

邪马台国在公元 3 世纪之前处于繁荣阶段，是古代存在于日本的小国中最强大的国家。最著名的统治者即为女王卑弥呼，她的弟弟辅佐她治理国家。

问题

公元 5394 年

（限时 7 分钟）

有几架超高速宇宙飞船来往于被银河隔开的织女星和牵牛星之间。现在，在织女星有四架宇宙飞船，全部要转移到牵牛星。各架飞船渡河所需要的时间如图所示各不相同。因为只有一名飞行员，所以一次只能把两架飞船连接在一起转移。但是那样的情况下，所需时间只能按照慢的那架飞船来计算。要把所有的飞船全部转移，最少需要多少小时？连接时间及换乘时间不计。

答案

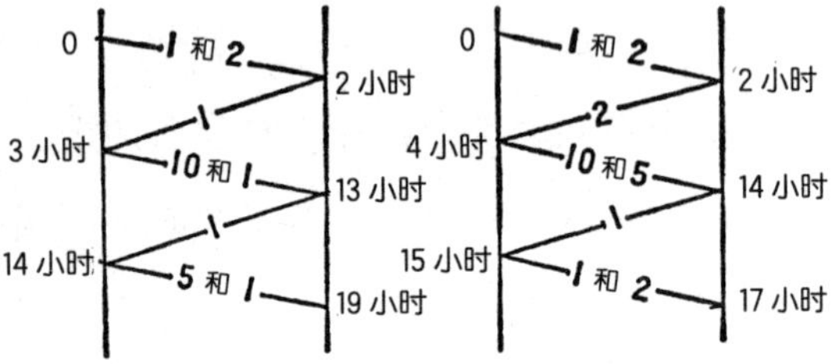

17 小时。按右上图的顺序移动即可。

☆电脑的分析

稍微思考一下就很容易想到如左上图那样的顺序，用时 19 小时。但是，并不是让飞得最快的飞船来回移动就一定是效率最高的。不要把目光只停留在眼前的问题上，需要从全局的视角来考虑。并且，对于这一类的问题，不要有了一个答案后就不再思考其他的可能性。想想看还有没有更快、更好的方法，要具有挑战一切可能性的进取精神。

问？题

公元前 1400 年

（限时 3 分钟）

喜爱猜拳的埃及国王对塔格博士说：“输了的这一方，要将自己的钱的一半给对方，以此为条件，猜拳两次。”

塔格博士说：“我才懒得玩呢，不过，既然你开口了，那就玩吧。”第一次国王胜，第二次博士胜。每一次都是按国王说的条件支付了该支付的钱。两次猜拳结束后一看，国王和塔格博士各持有 1 万日元。请问，他们俩最初各持有多少日元？

◎古代埃及人将自然界的万物均视为神灵，并且重视死后的生活。

答案

国王持有2万日元，而塔格博士一分钱都没有。说不定博士就是因为没带钱才不想玩的，这也不是没有道理。

☆电脑的分析

每个人最后都有1万日元，且第二局塔格博士赢了，据此可推断出答案。因为只有在这种情况下，第一局结束后，国王会仍然只有2万日元。

问题

公元 1598 年

（限时 4 分钟）

笔直的或是弧形的刀，可以自由地从普通的硬木做的刀鞘中拔进拔出，刀鞘也好刀也好，都不会变形。除了这两种以外，还有一种形状的刀，也能自由出入刀鞘，那到底是什么形状呢？

答案

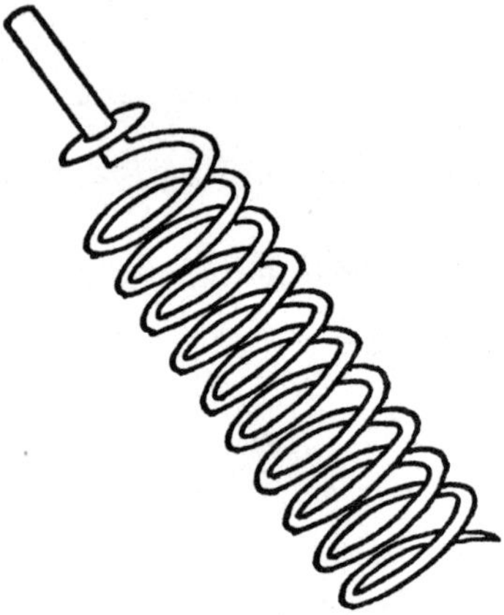

如图所示的螺旋状的刀。想想红酒的开瓶器和木栓的关系就容易明白吧？但是，作为刀来说是不是好用，那不在本题讨论的范围之内。

☆电脑的分析

只从平面的角度考虑类似直线或弧线这样一般样式的刀可不行哟！为了向“螺旋状”这样具有立体感的答案靠拢，答题人的想象力需要相当高的飞跃。有人回答“断面为三角形的刀”，但那样的刀从横向来看还是直线或弧线的。

问题

公元 1805 年

（限时 1 分钟）

有一部歌剧的名字叫《塞维利亚的理发师》，的确，在西班牙的这个地方，开了很多理发店。一个位于山窝窝里的村子中只有一家理发店，店里有两名理发师。如果是你的话，你会找哪位理发师给你剪头发呢？请看图回答。

答案

顶着一头乱蓬蓬的头发的那个。

☆电脑的分析

正所谓不能以貌取人，不屈从于一瞬间的判断，选择那个顶着一头乱蓬蓬头发的理发师的人，才是具有敏锐眼光的人呢！因为山窝窝里只有一家理发店，所以两个理发师的头发当然是对方剪的。也就是说，给对方剪出漂亮发型的那位理发师，才是手艺高超的那一个。大部分人都答对了这道题，但也有人认为“他们是照着镜子给自己理发的”。不过，自己给自己剪头发的话，剪不出那么漂亮的吧？

☆数据库信息

中世纪的理发师还兼任外科医生，因为他们持有剪刀、刀等“手术工具”。

问题

公元前 1200 年

（限时 3 分钟）

牵着特洛伊战争的木马前行。面前有一条河，河上架着一座长度为 5 米的桥。但是这匹木马前轮中心到后轮中心正好长 4.9 米，自重为 6 吨，而桥最多只能承受 5 吨的重量。请问有什么好办法可以通过这座桥吗？

答案

有。如图所示，将木马斜过来过桥。

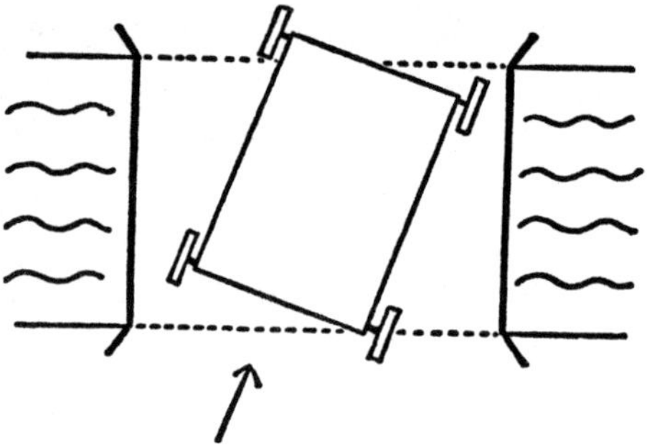

☆电脑的分析

只要注意到桥和木马的长度只相差一点点，就有了解题的思路。只要利用好“对角线比任意一边长”的原理就可以。“一鼓作气开过去”“藏在里面的士兵腾空跃起”之类异想天开的答案也是有的。

☆数据库信息

特洛伊战争是古希腊的战争。荷马将它以诗歌的方式记录了下来。斯巴达军队制造了巨大的木马，将士兵藏在其中送进了敌方的特洛伊城。乘着夜色，士兵们从木马中跳出来，攻占了特洛伊城。

问？题

公元 2370 年

（限时 6 分钟）

请想出绝对不会回答“是！”的问题。

——月亮世界幼儿园毕业考试题

答案

“你死了吗？”“缺席者请回答！”“你回答的所有的问题都是在说谎吗？”“你耳朵听不见吧？”……很多问题都可以。

☆电脑的分析

逻辑游戏的世界中，有无限种可能性。这道问题的答案还有很多，请大家想一想。举一反三，再想一下只能回答“不是”的问题或是只能回答“是”的问题，也很有意思哟。

问题

公元 1930 年

（限时 2 分钟）

有三个芝加哥强盗 A、B、C，关系破裂，互相争斗。A 能轻易打倒 B，但是比 C 弱，与 C 斗的话失败的可能性大。但是，B 的实力远远超出 C。要在这样的情况下幸存，三个人该采取什么样的战术呢？

答案

不积极迎战，先跑开，静观其变。比如，站在A的立场上，直接与C斗的话，输的可能性大。即使他把B打倒，也免不了与C对战，不如先跑开，等B把C打倒之后再说。

☆电脑的分析

注意到A、B、C三个人的力量强弱，就能想到谁也不会主动出击，最终形成所谓三者互相牵制的状态。

在这道智力题中，对A来说有利的条件是什么？对B、C来说呢？这样思考，应该就能很轻松地得出答案了。

问？题

公元 435 年

（限时 10 秒）

英文的“字母表”的第一个字母是“A”，“B”的前面当然是“A”。请问最后一个字母是什么？

答案

T。这道题问的是“ALPHABET”(字母表)这个单词的拼写。确实，以“A”开头，而且“B”的前面是“A”。

☆电脑的分析

回答“Z”的人，想得太简单啦！看起来这当然是正确的答案，但是能不能考虑得多一点儿、再多一点儿呢？

☆数据库信息

“字母表”是作为文字所使用的一连串记号的总称，所谓欧洲文字的字母表，据说是由古希腊人完成的。

问题

公元 1945 年

（限时 8 分钟）

战争结束后，发行了新日元，不再使用原有的钱币。将 10 日元如图所示放置在桌上。这种情况下，每一枚硬币都一定与其他三枚有接触。

但是，如果禁止重叠，每一枚硬币都只能平放在桌面上，并且每一枚硬币都必须和其他三枚硬币相接，最少需要几枚硬币才能做到？

答案

16 枚。如左下图排列即可。

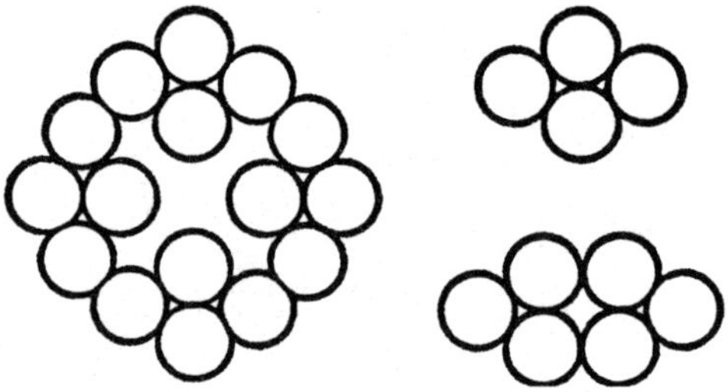

☆**电脑的分析**

相比在头脑中思考，实际操作一下会快得多。自己动手排列一下，马上会明白应该以右上图的形状为基础。正确判断到底是用推理还是用实际操作来解答题目，这对答题者来说也是十分必要的。

问题

公元前 210 年

（限时 1 分钟）

这里有七个球，从里面取走四个，然后加上另外三个球，成为和原来一样的七个球。请问该怎么做?

答案

取走四个球，将它们放在别的地方，然后在这四个球的基础上加上三个球，就是七个球了。

☆电脑的分析

有没有发现语言的微妙之处？题目中并没有说“拿走四个，在剩下的三个球的基础上增加三个”。在看答案之前，还是要对问题认真思考一下。回答“把一个球掰成两个”之类的人，虽说很努力思考了，但是也不能算是得出了正确答案。

☆数据库信息

秦，是中国古代第一个统一的封建制度王朝。秦始皇时期建造的万里长城非常有名，现存的部分在中国北方。

问题

公元 1850 年

（限时 4 分钟）

“我是清水次郎长的养子，名叫中政。如图所示的两个骰子的角上，有一根几乎看不见的极细极短的线将两个骰子拴在一起。请你猜一下这是想达到什么目的？”

答案

无论怎么掷，两个骰子的点数之和只能为 3、5、7、9、11 等奇数。

上图为掷出点数之和为偶数的拴法。

☆电脑的分析

想出这点子的人真是天才，说不定把它作为魔术道具也会很有意思呢！因为线很短，所以骰子能掷出来的面是受到限制的。这种情况下，一个掷出 2、4、6 点，另一个掷出的一定是 1、3、5 点，所以点数之和为奇数。如果两个骰子都是在 2、4、6 点的角上或都是在 1、3、5 点的角上拴绳子，则掷出来的点数之和一定为偶数。

问题

公元 22409 年

（限时 1 分钟）

月球上正在出售土地。土地呈正方形，南北 100 千米，东西也是 100 千米。因此我以为面积为 10000 平方千米。但是过去一看，面积只有我以为的一半。请问这是怎么回事？

答案

如图所示。这样的话，土地面积只有 5000 平方千米。

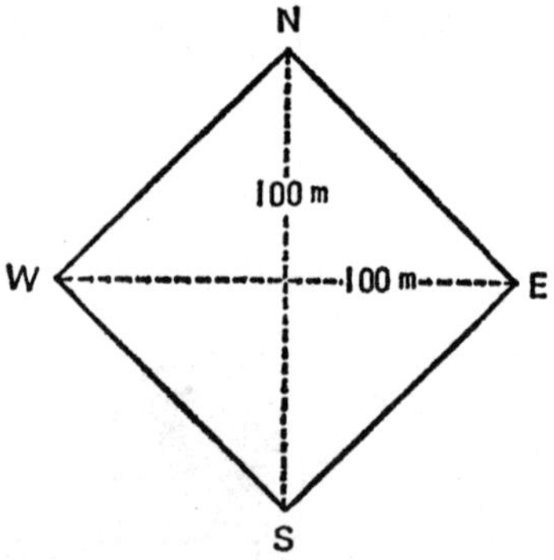

☆电脑的分析

月球不动产公司钻空子，确实性质恶劣。在现实生活中，类似的事情有很多，一定要多加注意。对于头脑体操来说，竖的东西要能够横着看、斜着看，要灵活机智地对待问题。

■ 充电站

（限时1分钟）

时空机器又电量不足，动不了啦！趁这个时间，再来做点儿小问题吧！

问题1

有一个人用一匹马拉着马车。他想走得再快一些，于是又加了一匹马。但是无论两匹马如何使劲，马车却一动不动。请问这是为什么？

问题2

以下是个奇妙的等式，请用实验展示一下：

4-3=5

问题3

某个探险家想进入森林的深处。当他到达某个地点时，虽然有路，但是无法行进到更深的地方。请问是为什么？

答案 1

因为两匹马各自向马车的两个相反方向使劲。

答案 2

从四边形的纸上剪下一个三角形，剩下的是五边形。

案答 3

因为他所在的位置是森林的中心，无论他怎么走，都不可能走得更“深”。

3. 时空机器的活跃——超空间之旅

时空机器搭乘指南3

为什么人类会追求科幻？因为在人类历史的长河中，重复上演着对于“未知世界”的憧憬。无论东方还是西方，在象征文化成熟期的世纪末，必然会出现否定现实、追求乌托邦的思想倾向。法国著名作家马塞尔·普鲁斯特在他的著作《追寻逝去的时光》中，就描写了对于已经逝去的世界的爱惜之情。

主人公以品尝到浸在茶水中的玛德琳小蛋糕为契机，回想起了旧日的时光，这是自己进行的回归，通往过去的时间旅行。这样的旅行不借助任何机械，可谓心里的时空机器。从这个例子可以看出，任何人的内心中都有一个超越现实空间的装置。也就是说，想象力即为创造力。牛顿在物理的范畴中探索空间，我们的创造性思考也可以离开地球，到达任何地方。

问题

公元1115年

（限时2分钟）

有一个中世纪的魔法：将装满水的杯子倒置，但是里面的水一点儿都不会滴出来。当然，杯子上没有盖子。塔格博士说："这有什么稀奇，我也会！"请问他用的是什么方法？水就是液体的水，不是冰或水蒸气。

答案

将杯子倒扣放入一个装满水的水桶，用手拿着杯底就可以。

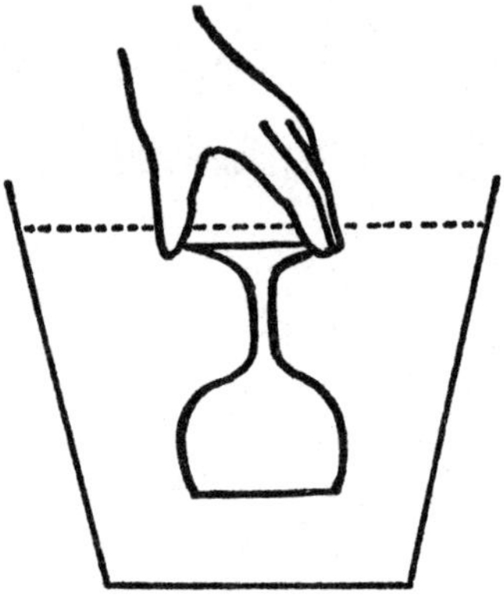

☆**电脑的分析**

这样的话，即使不会魔法也很简单呢。回答这种看上去不可能的智力问答题，就要从提问中找出破绽，找到解题的捷径。题目中哪儿都没写“必须在空中”啊！有人回答“因为有离心力，所以一瞬间是可能的”，但是这样的回答不符合条件。

☆**数据库信息**

中世纪的欧洲发生过一场“女巫审判”运动，甚至有将女子的手放进热水中加热这样惨无人道的事情。

问？题

公元 79 年

（限时 5 分钟）

维苏威火山的大爆发瞬间摧毁了庞贝城。有一个男子命大，从中逃了出来，但是耳朵再也听不见了。因此，塔格博士将一张写有字的纸和一支铅笔递给他。纸上写着："有多少人来救助你们？爆炸范围有多大？"

这个男子眼睛看得见，读写也应该没有问题，但是他想了一想，并没有打算写字的样子。请问这是为什么？他的手没有受伤，可以写字。

答案

因为他能张口说话呀。

☆电脑的分析

被这道题卡住的人相当多。有些人回答“手指受伤了”“头部受到严重撞击，失忆了”之类，但问题并没有给出那样的条件哪！只要好好读懂题目，就能找出解答的头绪。

☆数据库信息

庞贝古城的发掘工作于1748年才算正式开始，直到现在发掘作业仍在进行中。据说庞贝城里铺设有道路，还有排水沟之类的设施。

问？题

公元 1912 年

（限时 10 分钟）

在沉没的泰坦尼克号豪华游轮的救生船上，只剩下了极少几根火柴。塔格博士为了缓解大家的紧张情绪，提出了以下问题。

“怎么使用这两根火柴棒，搭出八个三角形呢？当然，不能折弯、掰断或是点燃它。”

答案

如图所示，将两根火柴棒的尾部合在一起。

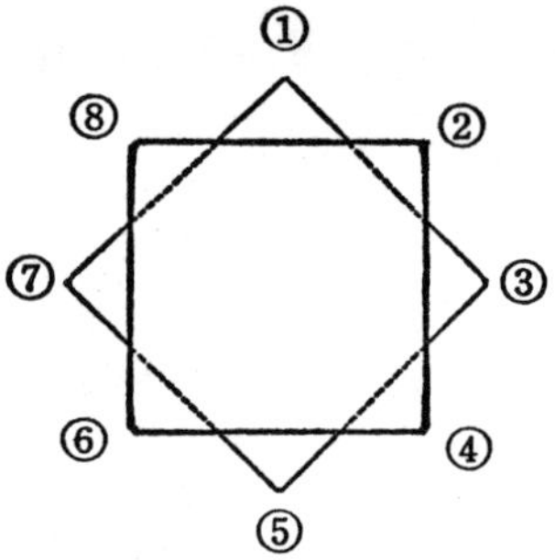

☆电脑的分析

用火柴棒可以出许多智力问答题，但是大部分都是挪动几根变成几个三角形之类的问题。习惯做那一类题的读者，对这次的问题便有些不知从何下手。应该先注意到，要形成三角形的角必须利用火柴棒的轴的角。然后，注意到火柴棒的尾部是正方形，这才离答案更近了一步。

“不能折弯不能掰断什么的，不理它就好了”，也有人是这么想的。这无疑是违反了规定的。

问？题

公元 4980 年

（限时 5 分钟）

在安德洛墨达银行里，将 30000 日元存 3 年，可获得利息 3000 日元。在卡西欧佩亚银行里，将 40000 日元存 4 年，可获得利息 4000 日元。如果将 10000 日元存 1 年的话，存哪个银行比较合算呢？

答案

安德洛墨达银行。

☆电脑的分析

回答“一样合算”的人，对金钱的感觉比较迟钝，在艰难的世道中，很难成为有钱人。在 30000 日元存 3 年可获得 3000 日元利息的安德洛墨达银行，如果将 40000 日元存 3 年的话可获得利息 4000 日元。而在卡西欧佩亚银行，40000 日元本金要获得 4000 日元利息的话则需要存 4 年。因此安德洛墨达银行的利率更高。如果简单计算一下的话，两家银行的利率大概是 3.2% 和 2.4%，安德洛墨达银行比卡西欧佩亚银行的利率高出了 0.8%。所以如果是 10000 日元存 1 年的话，可多获得约 80 日元。

问？题

公元 1560 年

（限时 3 分钟）

想制作假城墙迷惑敌军的木下藤吉郎，这次要用厚板纸做成一个个边长为一米的立方体，让它们搭起来像是石垣一样。但是，如果按照下图所示的展开图进行裁剪，斜线部分的厚板纸就会被浪费。如果使用同样宽度的长条形厚纸板，想要尽可能不浪费，做出更多的立方体，使用什么样的展开图比较好？接口处不用考虑。

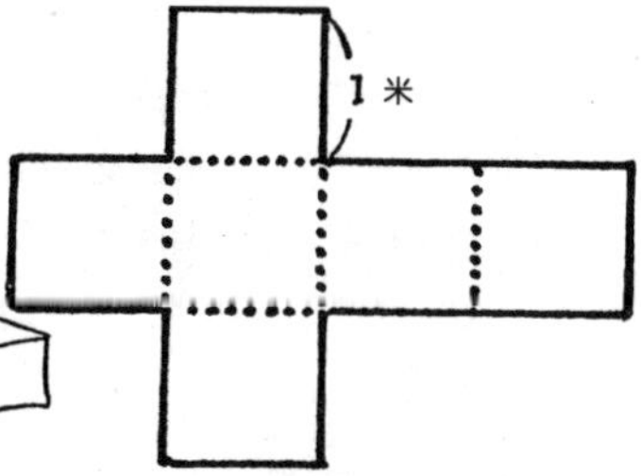

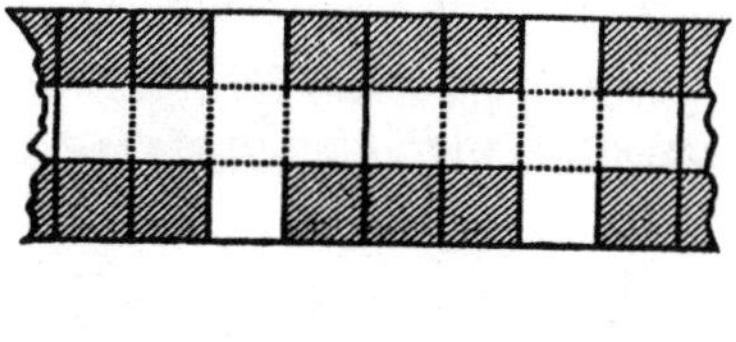

答案

如图所示的展开图，就可以几乎没有浪费地做出更多的立方体。

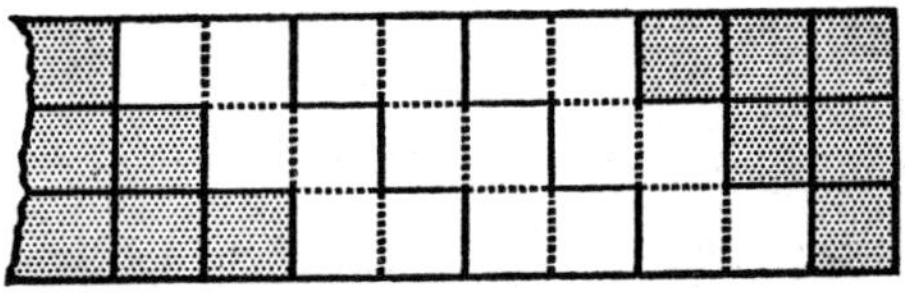

☆电脑的分析

做出如骰子一般的立方体的经验，很多人应该都有。最简单的展开图，就是问题中所示例的那样。但是除此以外，如果仔细想想，还有好几种办法。这种情况下，因为用的是长条形的厚纸板，所以如答案所示的那样可以做到几乎不浪费。

☆数据库信息

木下藤吉郎，即后来为人熟知的丰臣秀吉，投奔到织田信长门下时，是1558年。他留下了许多逸闻，比如将织田信长的草鞋抱在怀中捂热，筑起假城迷惑敌军等。

问❓题

公元 1989 年

（限时 7 分钟）

UFO（不明飞行物）终于在人类面前揭开了真面目。巨大的圆盘状的门打开，外星人笑嘻嘻地从里面走出来。作为科学家代表，塔格博士打算先从“ABC”开始请教。外星人摸索了一会儿，把 26 个英文字母分成了如下两组：

1.AEFGHKRTXY

2.BCDIJLMNOPQSUVWZ

请问这么分的理由是什么？

◎据科学分析，外星人中，可能性最高的还是类人生物，其次是硅基生物。

答案

第 2 组都是能用一笔写出的字母，第 1 组是其余的字母。

☆电脑的分析

思考这样的问题，关键是如何找到各组的归类法则。但是，如果只看第 1 组，那么无论如何也找不到规律。都是由直线组成的？不是！没有被线条围起来的区域？也不是。那么，不如放弃第 1 组，把视线转向第 2 组。这时，知道可以按“某个规则”和“某个规则以外的规则”来划分组别，做出解答就很简单了。

问题

公元前三千年

（限时 3 分钟）

时空机器这次来到了古埃及，来到了金字塔的建造现场。这是一张设计图，如下图所示，一个三角形的边长是另一个的两倍。想要遵循这一规则再画出一个三角形，又不能画出草莎纸之外，请问该怎么做？

答案

如图所示，加一个小的三角形就可以。

☆电脑的分析

虽说是遵循规则，但是如果只考虑同一方向性，则容易落入陷阱。在头脑中计算的时候很容易解决的问题，放到实际的应用中，会突然变得无法运用自如。这样学习规则毫无意义。因此，平时养成把规则与现实相结合的思考方式很重要。

☆数据库信息

金字塔的各条棱线都极为准确地面向东西南北，建造方法至今仍是个谜。

问题

公元 1193 年

（限时 4 分钟）

因复仇闻名的曾我兄弟只有哥哥和弟弟两个人。有一家人，有兄弟四人，他们的年龄相乘为十四岁。请问这四个人分别是多少岁？当然，年龄不会出现零头。

答案

一个七岁，一个两岁，还有两个一岁的双胞胎。或者是一个十四岁，三个一岁的三胞胎。

☆电脑的分析

毋庸置疑，两个一岁双胞胎的年龄是这道题的陷阱。如果没想到这一点，本题无解。要注意到无论什么数乘以 1 后都不变。

☆数据库信息

曾我兄弟，一个叫十郎，一个叫五郎。十郎五岁时，父亲被工藤祐经杀害。之后兄弟俩在富士的狩猎场中完成了完美的报复。虽然曾我兄弟也被杀死，但是这个故事被广泛流传开来。

问题

公元 2085 年

（限时 3 分钟）

未来都市中的警察执勤时，三个人呈正三角形排列，每两人之间距离相等。如果现在是四个人，每个人与其他三个人都要等距离，该如何配置？

答案

利用塔或是其他建筑物，在正四面体的四个顶点上各配置一名警察即可。

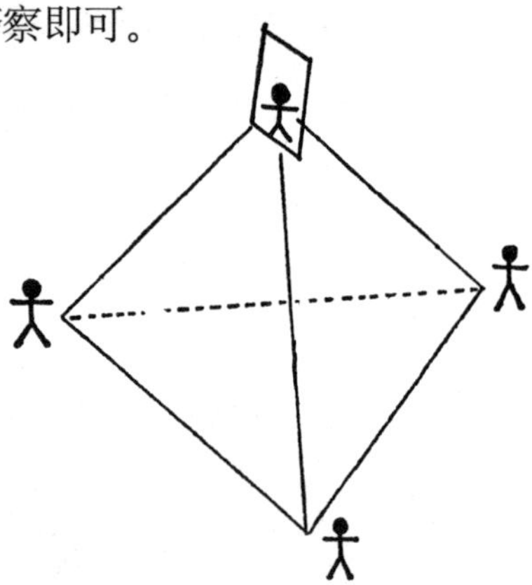

☆电脑的分析

对于经常做头脑体操的人来说，能意外简单地发现这道题的正确答案。因为，从平面到立体、从立体到平面，维度的转换引起视角的转变本来就是进行头脑体操的出发点。“横向、纵向、高度，加上时间，如果是四维空间的话就有可能”，这样的回答即使是在时空机器篇中也不能算对。但是，“从地面往下挖个深洞，一个人站到洞里”这样的回答，当然可算是正解。

问题

公元 830 年

（限时 3 分钟）

在一艘海盗船上，国王对王子说了以下的话：“这是某种鱼的鱼片。如果你能猜出这种鱼的名字，我就让你吃。用什么办法都可以，除了不能直接问名字。”

王子不知道这种鱼的名字，但是他说了一句话就吃到了鱼。请问王子说了什么？

◎海盗船是在船头雕刻着兽头的小型船，用以渡过波涛汹涌的海面。“海盗”的拉丁语就是指在海上攻击来往船只或进行掠夺性远征的人。

答案

他说："如果你让我吃了它，我就能知道这是什么鱼。所以，请让我先吃。"

☆电脑的分析

除了直接问鱼的名字，还可以用什么办法？注意这是这道题的条件。还有一点，王子的首要目的是吃到这盘鱼。也就是说，猜鱼的名字只不过是过程而已。因此答案中王子的回答无疑是最聪明的。认为猜不出名字就吃不到鱼，这是头脑僵硬的体现。

问题

公元1989年

（限时3分钟）

刚买了一辆电动汽车的孝顺儿子某一天开车带着他的父亲出门。但不幸的是，发生了严重的交通事故，父亲当场死亡，儿子身负重伤被送到了医院。大概是命运的捉弄吧，要给他进行手术的当班外科医生在进入手术室的那一瞬间，发现这居然是自己的儿子。由于受惊过度，医生无法执刀，不得不换其他人来进行手术。请问这到底是怎么回事？那对父子不是养父子，他们是真正有血缘关系的父子。

答案

那位外科医生是孩子的母亲。外科医生是女性，也不是什么不可思议的事情吧？

☆电脑的分析

通常来说，人们会觉得外科医生是男性，社长秘书是女性等。根据职业的不同，认为从事该职业的性别也不同，这样的观念根深蒂固。所以首先需要将这样的固定观念舍弃，单纯通过问题确定逻辑。冷静下来分析，外科医生是父母，父亲已经去世所以只能是母亲，这样就应该很容易推导出答案了。

问题

八千万年前

（限时 7 分钟）

来到了八千万年前的地球上，要将恐龙宝宝装在如图所示的金属折叠笼中带回去，那么在做这个笼子的时候，最少需要几根金属条？金属条弯折几次都可以，但不能 180 度折叠。接缝处使用焊接。

答案

如图所示，无论如何也需要四根。

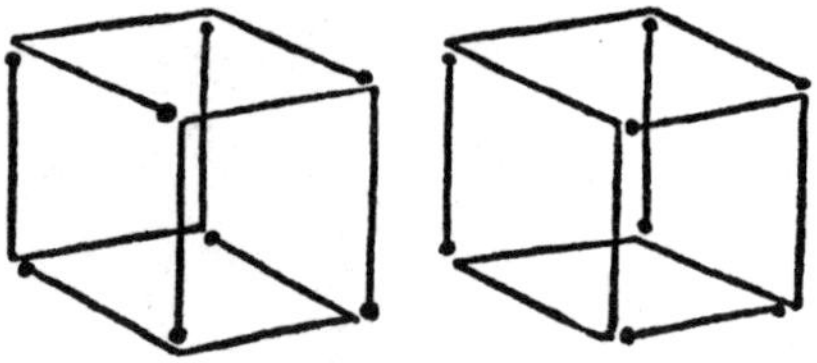

☆**电脑的分析**

笼子共有八个顶点，每一个顶点是三条直线的交点。根据“一笔画”理论，任一顶点如果没有一个金属端的话，是不行的。那么八个端点无论如何也都需要四根金属条。对于这个问题，要证明需要四根是很容易的，但是要证明三根及以下不行是非常难的。从经验的世界向逻辑的世界跨越的意向性由此诞生。

问题

公元 2663 年

（限时 2 分钟）

一辆宇宙巴士上有几名乘客。在第一个车站，全部乘客的六分之一下了车。下一站，剩余乘客的五分之一下了车。之后分别是四分之一、三分之一、二分之一的乘客下了车，直到最后一站所有乘客都下车。整个过程中没有人上车。请问车上最初有几名乘客？请在可能的人数中取最小的数字。

答案

六个人。每一站都只有一个人下车。

☆电脑的分析

答对的人，恐怕都是凭直觉回答的吧！回答这道题时，通常会从2、3、4、5、6的最小公倍数去考虑。落入这个陷阱的人，会算得不亦乐乎吧？这种时候，接受过的教育越多，越会妨碍问题的解决。

☆数据库信息

在未来，将宇宙巴士送入轨道的计划终于实现了。它是常设的宇宙巴士站与地球之间的交通工具，只要支付费用，谁都可以乘坐。

问题

公元 1226 年

（限时 1 分钟）

这是发生在中世纪的事情。一个女子在倾盆大雨中行走，既没有打伞，也没有戴帽子，也没有穿雨衣，她在广阔的原野上走了十分钟，但是一根头发都没湿。请问这是为什么？

答案

因为那名女子是尼姑庵里的尼姑，她的头上一根头发都没有。

☆电脑的分析

这种问题其实属于文字游戏。题目中写的是“一根头发都没湿”，不是“头发一根都没湿”。如果是后者的话，通常是以那名女子有头发为前提来考虑的。在微妙的语感变化中，本题的答案得以成立。

问题

公元1604年

（限时5分钟）

德川家康有一座最喜欢的钟。但是这座钟在校正过正确的时间后，每过六十五分钟长针和短针就会重叠一次。请问这座钟是走快了、走慢了，还是走时准确呢？

答案

走快了。

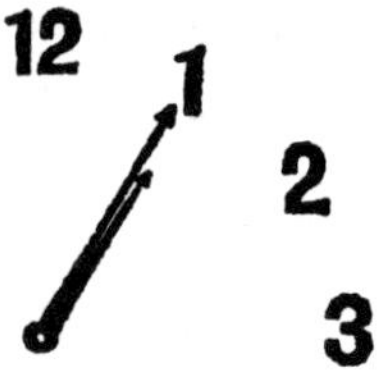

☆电脑的分析

比如说，校正的时间是十二点。这时，短针和长针正好重叠。如果是走时准确的钟，六十五分钟之后应该是一点零五分。如上图所示，正确的表盘应该是短针在长针之前一点点。但是本题中，指针每六十五分钟就会重叠一次，这个时候重叠的话，长针会比上图稍稍多走了一点点，也就是走快了。如果要计算的话，大约一个小时快了二十七秒。难道江户时代的钟走时那么不准吗？

问题

公元 2050 年

（限时 2 分钟）

塔格博士向未来人提出了以下问题。

“这里有一枚 100 日元的硬币。在硬币上涂上墨水，再印在纸上，就像制作版画一样，你能在 10 秒以内印出 100 个以上的数字吗？”

未来人拼命地往硬币上涂墨水、往纸上印，但是还是失败了。请问塔博博士有什么好办法吗？

答案

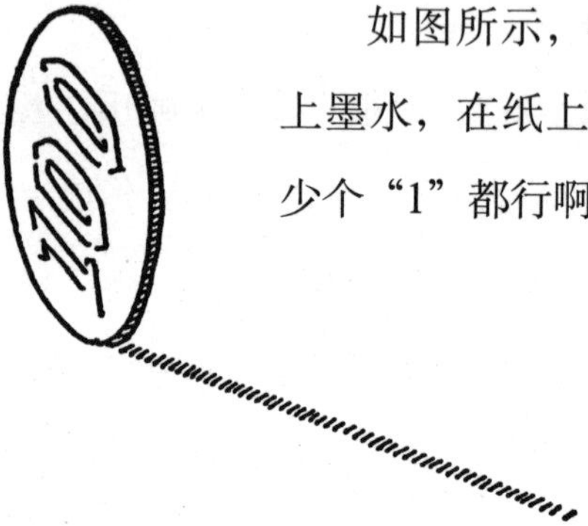

如图所示，将硬币的边缘涂上墨水，在纸上滚几圈，想印多少个“1”都行啊！

☆电脑的分析

大家都知道，100 日元的表面有几个数字。首先，是正中央大大的“100”，它的下面还印有年份，这样就已经有五个数字了。然后，硬币反面的下半部分印有一百日元的“百”，总共有六个数字。但是，印得再怎么快，要在 10 秒之内印出 100 个以上的数字都是不可能做到的。因此，回答这个问题要想到利用边缘的锯齿，这些锯齿是为了不让硬币的周围被削掉而制作出来的。

■ 充电站

（限时1分钟）

时空机器要进行第三次充电啦！让我们用一些小问题来给头脑松松绑吧

问题 1

下图中，左边和右边这两根线哪根长？

问题 2

一年中，鞋子磨损最少的月是哪个月？

答案 1

左边那根长。请看它们在同一标尺下量出来的结果。

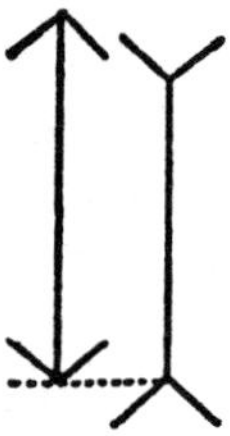

答案 2

2 月。因为 2 月只有 28 天哪。

4. 时空机器的漂流——超次元之旅

时空机器搭乘指南 4

最接近“心灵时空机器”的，是英国作家柯林·威尔森创造出的“贤者之石”。威尔森在同名小说中将未知的金属埋入脑中来刺激前额叶这一“创作”，完全就是只运用心灵力量来完成的时空旅行。

异常发达的前额叶会放大人的想象力。其结果就是的想象力超越时间、空间的限制，使整个世界都出现在自己的面前。无所谓自相矛盾，自己就那么坐着，“过去的现实”一个接一个地出现。当感觉与惊人的逻辑相符时，“过去”便以其真实姿态出现在人们面前。威尔森的作品的主题即为“意识的扩大”。

我们的创造性思维，不管其是否有所依据，只管在超现实的世界中尽情漂流就是。

问题

公元 1978 年

（限时 1 分钟）

塔格博士在自己家里休息时接到了一通电话。“喂！两周后的星期五，我想来拜访您，不知道您是否方便?”“让我看一下我的安排。上午有一个会议。下午一点开始，是我一个学生的结婚仪式。然后，从四点开始是我一个朋友孩子的追悼会，再然后是我姐姐的公公的六十大寿……时间都安排掉了呢。”这段话里，有一个地方比较奇怪，请问是哪里?

答案

两周后的星期五，也就是至少十四天之后的事情了，这么早不应该会有“追悼会”的预定。

☆电脑的分析

现在大型的殡仪馆也会预定一个月或者两个月之后的追悼会，但那一般是比较重大的特殊事情。“朋友孩子的追悼会”这样的事情，不会那么早就预定的。注意不要被日常生活中看起来不常见的表述，比如“姐姐的公公”这样的词组所迷惑。

问题

公元 1905 年

（限时 10 分钟）

我是一个在纽约工作的普通职员，每天乘坐地铁去上班。早上，我在 C 站的 1 号站台下车，到 2 号站台换乘另一辆地铁去公司。下班后，在同一个 C 站的 1 号站台下车，在 2 号站台换车回家。当然，并不是早晚地铁进入的站台是相反的。那么这是怎么回事呢？

答案

比如说，如图所示，A–D 线与 B–D 线的交会点在 C 站。他从家所在的 A 方向坐车到 C 站，在 2 号站台换乘往公司所在的 B 方向的车。下班回家的时候正好相反。

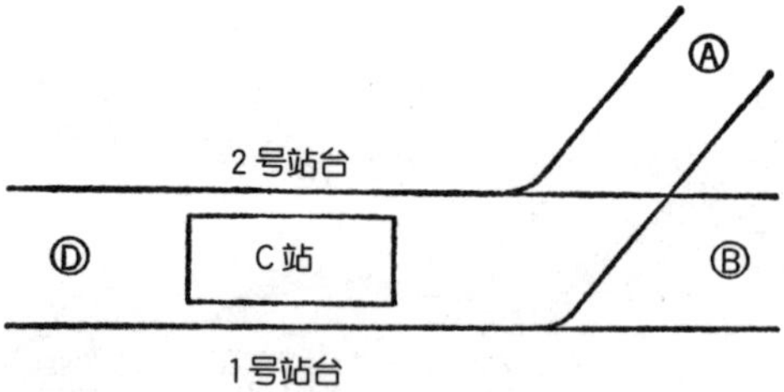

☆电脑的分析

停靠在同一站台上的车并不一定开往同一个方向。从 1 号站台开往 A、B 两地的地铁交互发车的情况也存在。平时常见却容易被忽视的事情，可以用来作为智力问答题的素材呢。

问题

公元前 2500 年

（限时 5 分钟）

人类古城——摩亨佐达罗城的设计比赛中，排列着如图所示的九个圆圈，一笔画出的直线要穿过所有的圆圈。图中的直线弯折了四次，想要尽可能减少弯折的次数，该怎么办？当然，仅限于一笔画成的直线。

答案

如图所示，如果能想到超出整幅图的直线，那弯折的次数只需要一次。

☆电脑的分析

这正是运用了典型的框架外思考。问题中一句都没有写直线不可以超出整幅图之外，而人们多是被自己设定的框架所束缚。本题的情况下，容易产生“是不是一定要通过圆的中心”这样的固定观念。各位读者，请跳出思维的框框吧。

☆数据库信息

摩亨佐达罗是印度河流域的文明古城，建有大浴场及完备的下水道设施等。

问 ? 题

公元 7728 年

（限时 7 分钟）

银河联邦的首脑会议开幕了，在十名成员中，有六人来自地球，七人超过五十岁，八人毕业于银河大学，九人已婚，并且，十人全部是男性。那么，来自地球、五十岁以上、毕业于银河大学的已婚男性，最多有六人，最少有几个呢？

答案

零。比如下图那张表中列出的情况，五个条件全部符合的一个人都没有。

	1	2	3	4	5	6	7	8	9	10
来自地球	○	○	○	○	○	○	—	—	—	—
50 岁以上	○	—	—	—	○	○	○	○	○	○
银河大学毕业	○	○	○	○	—	—	○	○	○	○
已婚	—	○	○	○	○	○	○	○	○	○
男性	○	○	○	○	○	○	○	○	○	○

☆电脑的分析

对于这一类问题，单纯用脑子想是解决不了的。如果考虑利用韦恩图之类的方法，就会觉得至少应该有一个人符合，因此不可行。逻辑性的思考是利用简单的图表，比如画出上图这样的图表，这样得出结果最快。

问？题

公元 1923 年

（限时 1 分钟）

第一次世界大战后，德国陷入了极度的通货膨胀。9 加上 4 之后变成了 1，怎么想都觉得很奇怪。你能说明一下这是怎么回事吗？

答案

9 点加上 4 个小时，就变成了 1 点。

☆电脑的分析

9+4=13，13 → 13 点→ 1 点，希望读者们能有这样的联想的飞跃。

☆数据库信息

1914 年开始的第一次世界大战以 1918 年德国投降结束。1923 年 11 月，德国马克暴跌，德国陷入了极度的通货膨胀中，装满一辆婴儿车的纸币只能买到一双鞋。1923 年 11 月，希特勒在慕尼黑发起暴动，这是之后纳粹上台的契机。

问题

公元1605年

（限时3分钟）

大家知道东印度公司[①]吗？在那里工作的英国人A、法国人B和荷兰人C之间发生了一件事。三个人住在印度的同一个村庄里，一次，他们决定要在某个地方见面。A是个很挑剔的人，他说：“晴天或者阴天都没问题，但是下雨的话绝对不出门。”B的性格乖僻，他说：“阴天或者下雨没有关系，但是晴天的话绝不出门。”C也是说一不二：“下雨或者晴天的话没问题，但是阴天的话不出门。”预定的见面日期就是明天了，这么奇怪的三个人，他们能见到面吗？谁也不知道明天的天气会怎么样，并且，一天中的天气不会发生变化。当然，印度通常也不会有下雪或者雨夹雪之类的天气。

①东印度公司是指17世纪初觊觎印度香料的英国、法国、荷兰等国陆续在印度当地设立的贸易公司。

答案

能见面。比如那天的天气是下雨，那 B 和 C 去 A 的家里就可以。

☆电脑的分析

仔细阅读题目就会发现，并不是说只要下雨 A 就不见面，只是说下雨的话 A 就不出门。这样的话，让 B 和 C 来 A 的家里就可以。其他天气情况下也是这样，还是有解决办法的。答错的人，多是只顾纠结于天气的状况了。

问题

公元1988年

（限时1分钟）

东京的银座一如既往的繁华，但是，交通事故、暴力犯罪等事件频发，那么，在下面这幅图中，一年之中死亡人数最多的场所，你认为是哪里？请用每一块区域相应的记号作答。

答案

C 区域。因为那里有医院。

☆电脑的分析

如果只说某个瞬间的死亡率最高的场所，那可能是交通事故发生时的十字路口之类的地方。但是说到一年中平均死亡人数最多的地方，那一定非医院莫属了。“因为有商场在，被橱窗里的模特吸引住，容易发生事故，因此答案是 F 区域。”有人这么回答。虽然也有理有据，但还是希望能和现实接近一些。

问？题

公元 1789 年

（限时 6 分钟）

在法国大革命中遭破坏的舞厅需要重新铺地板，用五边形的瓷砖能够将舞厅的地面全都无缝隙铺满吗？所有的瓷砖都是同样形状、同样大小，瓷砖之间不可以重叠。地板周围的形状可不予考虑。

答案

可以。用正五边形不行，但是如果是其他形状的五边形是可以的。下图举了两个例子。

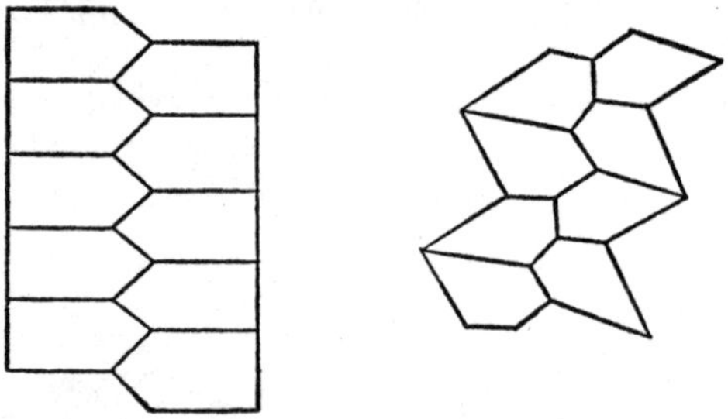

☆电脑的分析

一说到五边形，就联想到正五边形，这是人之常情，那正是这道题的陷阱所在。但是，五边形就是五边形，它是具有无限可能性的形状，将这个名词的概念明确化，是解开这道题的大前提。

☆数据库信息

那一年的7月14日，起义军攻占了路易十四统治下的巴士底狱，这也成为了法国大革命的开始。而那一天国王的日记上写着“什么也没发生”。

问？题

公元 1986 年

（限时 4 分钟）

这是几位学校老师的故事。教数学的 M 老师收到了来自女教师 A 和 B 的热烈的爱情告白。于是，M 老师对两位追求者说："请将对我的爱，以明确的数量来表示。"

A 说："我对您的爱，是 B 的 100 倍。"

B 说："才不是呢，我对您的爱，是 A 的 1000 倍。"

听了两位追求者的话，M 老师回答："看来你们两个一点儿都不爱我呀。"

请问他为什么这么说呢？

答案

M 老师列出了下面这样的算式。只有在 A=0，B=0 的时候，这两个算式才成立。也就是说，A 和 B 的爱都是 0。

$$\begin{cases} A=100B \\ B=1000A \end{cases}$$

☆电脑的分析

“数学老师”是解决这个问题的关键，也是这道题的得意之处。理科系的人立刻会列出这样的方程式，异常简单地就解开了这道题。但是数学不好的人或是小学生，就不知道从何下手了。有的人回答是，M 认真听了 A 和 B 的表白，说：“这样算的话，无论到什么时候都不会有结果。”

问题

公元 1997 年

（限时 15 分钟）

有人新发现了一种金属，用手就能轻易让它变形，用刀也能将它切割开。但是，这种金属有一个缺点，就是一旦被切割开，金属间就无法再粘到一起。现在有一个金属圆圈，想要把它变成如图所示的串在一起的两个环，该怎么做比较好？

答案

按如图所示的顺序进行，会出现两个形状奇怪的环，之后只要把它整形成圆形就可以。

小刀从如图所示的地方插入，用小刀一边往前推进，一边将刀柄逐渐往上转。当回到最初插入的位置时，小刀恰好转了一周。

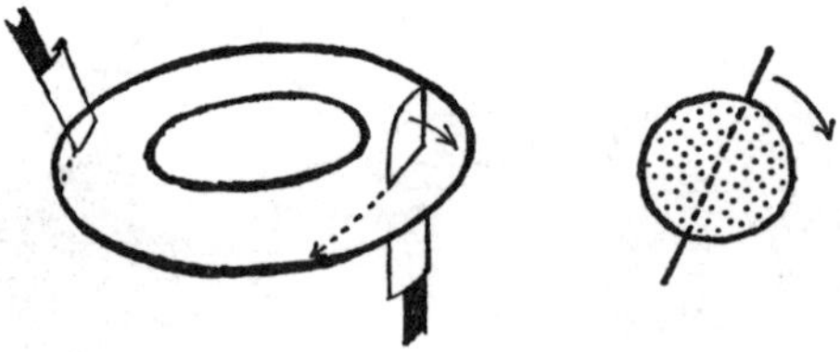

☆电脑的分析

将纸条的一端旋转一圈，与另一端粘成一个环，用剪刀竖向剪开，可以做出一根链条。这是旋转一圈之后用剪刀剪开形成的。如果只旋转半圈的话，就会形成一个莫比乌斯环[1]。在众多回答中，有用黏土实际操作后终于得出正解的人。

① 莫比乌斯环，又称莫比乌斯带，是一种只有一个面和一条边界的曲面，也是一种重要的拓扑学结构。

问题

公元 1905 年

（限时 2 分钟）

吉卜赛的扑克牌占卜师手上拿的是方块图案的牌，将这张牌的一部分扩大后如下图所示。那么，这张牌是方块几？

答案

方块 8。图的部分扩大后就是这样。

☆电脑的分析

这是着重于注意力的问题。“只能看到这些的话，不知道是哪张牌啊”“好像是 4 吧”“方块的牌中，大概有一半都是这样的吧”……仅凭感觉得到的答案有很多。但是，正解只有一个，只有“方块 8”！这是好好推理一下就能得出的答案。在头脑中将各张牌的花色想一想，一张一张排除即可。

问题

公元 1554 年

（限时 3 分钟）

这里是玛丽一世女王的生日派对。想要在这个圆形的蛋糕上切三刀，分成八块同样形状同样大小的蛋糕。在三刀切完之前，蛋糕的位置不能发生改变。该怎么切比较好？

答案

首先切“十”字（两刀），然后将上下一分为二即可。

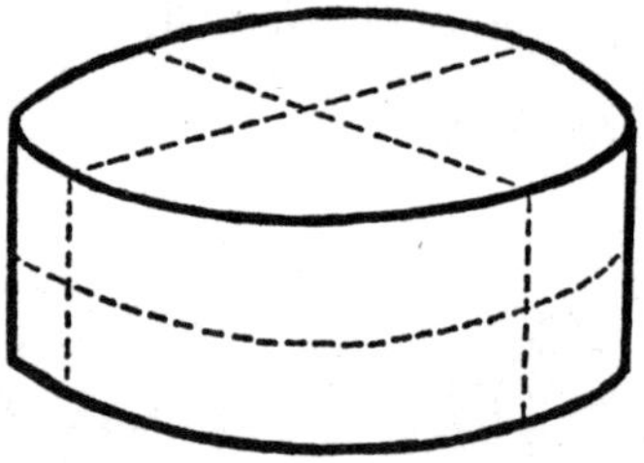

☆电脑的分析

这是从平面思维向立体思维发散性飞跃的典型题目。如果只想着在水平方向上切，那无论如何也做不到。再仔细看一看，注意到这是一块上面什么装饰都没有的海绵蛋糕了吧？

☆数据库信息

玛丽一世女王被称为“血腥玛丽”，她为了恢复天主教，对新教徒进行了彻底的镇压。而玛丽二世则相反，作为新教徒，她靠着光荣革命登上了王位。

问题 公元 3021 年

（限时 1 分钟）

木星大学的考试全部采用是非题，每题 10 分。但是糊涂蛋老师发现他竟然漏批了一张考卷，并且写有正确答案的表也已经不见了。他手边只有三张其他学生的答卷和各自的分数。请参考这三张答案，对漏批学生吉特的考卷进行评分。

答案

60 分。正确答案表有下面从 A 到 D 的四种可能。无论是哪一种，学生吉特的答案都是 60 分。

	1	2	3	4	5	6	7	8	9	10
Ⓐ	X	X	X	X	O	O	X	O	O	X
Ⓑ	X	X	O	X	O	O	X	X	O	X
Ⓒ	X	X	O	X	O	O	O	O	O	X
Ⓓ	O	X	O	X	O	O	X	O	O	X

☆电脑的分析

②④⑤⑥⑨⑩题总计 60 分，皮卡西和尼西的答案是相反的，无论两个人中哪一个人的答案是正确的，因为二人相差 20 分，也就是这 6 题中皮卡西得 40 分，尼西得 20 分。①③⑦⑧题四个人的答案是一样的，其中有三题是正确的，四个人都应该在这四题中获得 30 分。也就是说，美奈美的②④⑤⑥⑨⑩题都是错的，可知吉特是 60 分。

问题

公元 1460 年

（限时 10 秒）

“我们来玩‘剪刀石头布’吧！为了避免麻烦，‘石头’就不要了。‘剪刀’和‘布’的话，当然是‘剪刀’胜。为了一局定胜负，不设平局。也就是说，如果你也是布，我也是布，你胜！如果两个人都是剪刀，则我胜。这样公平吧？”

这样的猜拳真的公平吗？

答案

不公平。“我”必胜。我只要出剪刀，就一定胜。也就是说，对方如果出布的话，我胜；对方如果出剪刀的话，还是我胜。

☆电脑的分析

这个规则一眼看上去是公平的，但仔细阅读题目之后，就应该立刻知道答案了。不过，如果别人真的跟你这么说了，说不定你乍一听也不会发现什么。

☆数据库信息

“剪刀石头布”的发源地好像在中国，意大利也有类似的游戏。

问题

公元 1861 年

（限时 5 分钟）

美国的南北战争激战正酣。有一个长和宽各 8 厘米、高 1 厘米的箱子。想要尽可能在箱子中装入更多的直径 1 厘米的圆形子弹运走，最多可以装多少个？子弹为标准的球体，不能重叠，也不能让它们高出箱体之外。

答案

68 个。如图所示摆放即可。

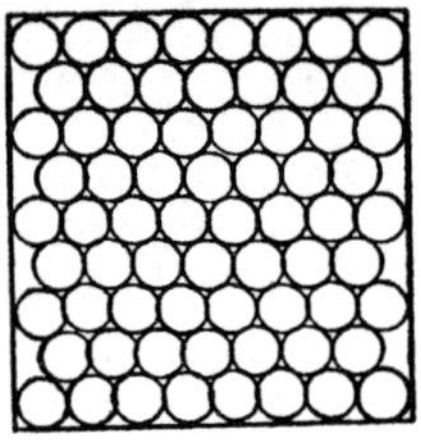

☆电脑的分析

因为“8×8=64”，所以这道题容易回答成“64 个”。但是如图这样摆放，就能多装四个。并且，这样摆放球体，在日常生活中也应该看见过。重要的是不要光想着这样行不行，而是努力去尝试一下。

☆数据库信息

南北战争开始于 1861 年。据说，在战争开始的第一天，尽管炮火猛烈，但是没有一个人阵亡。

问题

公元 1981 年

（限时 2 分钟）

居住在公寓中的公司职员 A，要出差很长一段时间。他到了出差地以后，接到了妻子的电话："亲爱的，你是不是把我们家邮箱的钥匙带走了呀？"确实如妻子所说，A 发现他把钥匙带出来了。于是他赶紧把钥匙通过邮局寄回家。

塔格博士听了以后，说："哎哟，你真笨哪！"请问塔格博士为什么这么说呢？

答案

钥匙当然会被投递到邮箱里，而A的妻子没有钥匙，当然打不开邮箱，并且以后再也打不开邮箱了。

☆电脑的分析

所谓“百密一疏”，像这样的错误，不注意的话是真的会犯的。一定会有很多人无论怎么想都想不到这一点吧？要回答这类智力题，需要具备超出日常水平的注意力。

问题

公元前 300 年

（限时 3 分钟）

日本石器时代的人，向塔格博士提出了这样的问题：“如图所示，有 25 个扁平的圆形石子，横向、竖向、对角线各 5 个。那么，再加上 5 个石子，合计 30 个，如何能让横向、竖向、对角线各有 6 个石子？”

答案

例如，25 个石子的排列方式不变，在如图所示的地方重叠上一个即可。

☆电脑的分析

回答这个问题，需要从平面思维向立体思维、从单一维度向多维度思考转变。仔细阅读题目，应该能马上发现暗含在条件中的解决办法。

☆数据库信息

昭和六年（1931 年），从日本兵库县出土了古代人类遗骸。这是日本发现的最早的“旧石器时代”人类遗骸。而在这之前，日本被认为是没有旧石器文化的。之后，这方面的研究迅速开展起来。

问题

公元 1985 年

（限时 1 分钟）

“现在的物价还是那么高！从电器商店收到这样的宣传单，上面的商品好像已经很便宜了，但是由于预算的关系，我还是想选个最便宜的东西，应该选哪个呢？”请你给苦恼中的公司职员一点儿建议吧。

答案

一秒烤吐司机。12300 日元当然是最便宜的东西，和折扣率无关。

☆电脑的分析

如果考虑折扣率的话，回答这道题就要进行烦琐的计算了。冰箱的折扣率是 18%，一秒烤吐司机的是 13%，立体电视机的是 33%，袖珍吸尘器的是 30%，这么算下来，是立体电视机最合算。但是从绝对值最便宜来说，是一秒烤吐司机。现实中人们往往会产生这样的错觉，虽然没有多少钱，但是总忍不住买贵的东西的人也有吧！

问题

公元 1770 年

（限时 5 分钟）

寺子屋的老先生指着黑板上的字问："这是啥字？"一个孩子回答："是呀。"孩子的回答没错。那么，老先生指着的字是什么？请思考三种以上的回答。

答案

（1）写着“啥”。（2）写着“呀”。（3）写着读音为“是”的字。

☆电脑的分析

这道题可以有各种各样的回答，说不定你还能想出其他答案。这种谐音的双关语，也广泛地被用于日本传统曲艺的中。说不定这个寺子屋的老先生对这种谐音相当有研究呢！

☆数据库信息

“寺子屋”经常被写成“寺小屋”，其实正确的写法应该是“寺子屋”，指的是江户时代的类似小学一样的地方，教授武士或僧人读、写、算等技能。

■ 充电站

（限时1分钟）

小的故障不解决，积压在一起就很麻烦。但是，一出现小问题马上就修理，情况就会好很多。那就让我们稍等一会儿，来做些小题目吧。

问题 1

“我今年没过生日。”

“你是 2 月 29 日出生的吗？”

“不是，是其他日子。”

这是怎么回事呢？请说明一下。

问题 2

将图中十五根火柴移动两根，使之形成六个正方形。

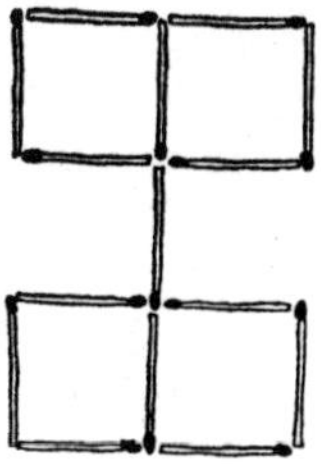

答案 1

因为说话的人正好在半夜向西越过国际日期变更线，这样就越过了一天。

答案 2

如图所示。别忘记数那个大正方形哟！

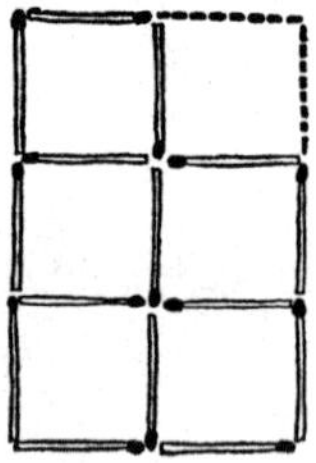

5. 时空机器的返航——超常识之旅

时空机器搭乘指南 5

现在，让我们用创造性思考来填满我们的日常生活吧！集中性思考是指当被问到“圆的东西”时，有的人就只能联想到地球仪，再也想不出其他东西了；或者虽然想出的不止一个，但也是“玻璃球”“弹丸”之类同样形状的东西，然后就再也停滞不前了。

与此相对的扩散性思考，比如从“圆的东西”想到“地球仪”，继而想到“圆满的人”和“形状不断变化的循环的水”等多层次、多样化的答案。这样的思考到底能在多大程度上丰富我们的生活，这是无法衡量的。衣、食、住等物理层面自不用说，夫妻之间、亲子之间、朋友之间的人际交往也都会因此而圆满、智慧许多。

因此，各位读者，用头脑的时空机器持续进行飞跃性的思考，并请积极灵活地运用在日常的生活中吧！这是时空机器制造者最后的请求。

问？题

公元 1410 年

（限时 10 分钟）

图中表示的是印加帝国的某栋建筑物，上图是从正南方向看上去的样子，下图是从正东方向看上去的样子，这到底是一栋什么形状的建筑呢？

答案

如图所示。

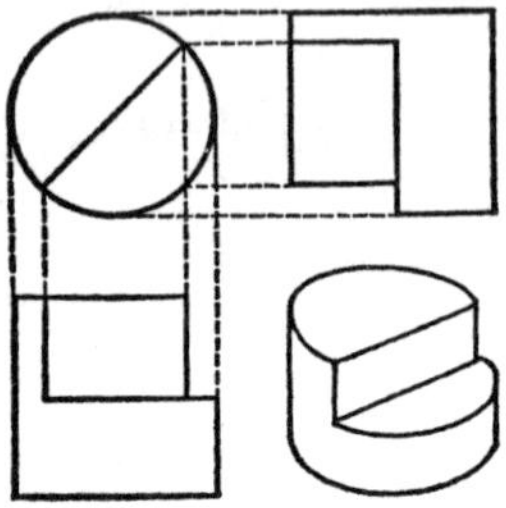

☆**电脑的分析**

如果根据投影的原理来分析，就相当简单了吧？从正东和正南看到的样子恰好方向相反。按照一般的思考顺序，我们首先会想到规则的形状，但是很难注意到还可能包含圆柱这种曲面结构。这种情况下，如上图所示，从两个方向上分别画出侧面图、平面图，将其组合在一起，就容易明白了。

☆**数据库信息**

横跨两个世纪并创造出高度文明的印加帝国，只因西班牙探险家皮萨罗一人，就走向了灭亡。

问题

公元 1780 年

（限时 8 分钟）

英国工业革命正进行得如火如荼。这里有两个椭圆形的齿轮如图所示组合在一起，可以很顺畅地运转。那么，一个椭圆形的齿轮与一个圆形的齿轮组合在一起，能不能顺畅地运转起来呢？当然，它们的轴都被固定在某个位置上。

答案

可以。如图所示，圆形齿轮的周长为椭圆齿轮周长的二分之一，并且圆形齿轮的轴不位于中心，这种情况下组合在一起即可。

☆电脑的分析

挑战不可能，然后发现使其可能的技术并用于实践，这正体现了工业革命的精神。希望读者们也不要轻易放弃，画出各种各样的图形来尝试一下，应该会发现解决问题的切入点。遇到这样的问题，用硬板纸之类的东西实际操作一下，可能会比较快地得到答案。

问题

公元 1904 年

（限时 3 分钟）

一位化学家在看一份美国的专利文献，他看到实验需在零下四十度进行，但是后面的内容被污染了，看不出是“F”(华氏）还是“C”(摄氏)。这样，他就判断不出到底该在什么温度下进行实验了。化学家表示很困惑。从时空机器中现身的塔格博士轻易就帮助他解决了问题。那么，究竟是“F”还是“C”呢？

答案

哪一个都可以。因为表示零下四十度时，华氏和摄氏的温度是相同的。

☆电脑的分析

解答这个问题稍微需要掌握一点儿相关知识。但是，华氏和摄氏的温度之间不是始终保持同样的温差，它们总会在某个地方数值相同。如果想到这一点的话，离得出答案就不远了。

问题

公元 1230 年

（限时 4 分钟）

塔格博士找到一幅《平家物语》的插图，分为三折，两面都有图案，总共六页。但是时空机器的复印机一次只能复印两页插图。要尽可能不浪费纸，又要尽可能减少复印次数，请问最少要复印几次？

答案

三次。如图所示，B 面和 C 面一次，E 面和 F 面一次，然后沿图中虚线弯折，A 面和 D 面一次，总计三次就能完成。

☆电脑的分析

我们会想当然地认为因为无论如何不可能跨面复印，所以总共需要四次。但是考虑到一共六页，每一次复印两页的话，三次就够了，那么问题就在于如何实现了。这时就要看你有没有想到可以利用折叠的方法了。

☆数据库信息

《平家物语》是描写源平战争以及平氏家族兴盛衰亡的小说。

问？题

公元1855年

（限时1分钟）

江户时代，有个人特地来到印章店刻章，刻出来的图案却是错的，他为此火冒三丈。请问这个人的名字是什么？

答案

前田。下图是印出来的奇怪的字。

☆电脑的分析

虽是一道“镜面文字”的题目，却切中了视觉的盲区。一旦我们觉得“前田”的印章是正确的，就怎么也无法从这个思维陷阱中逃脱。当然，放在镜子前面一照马上就能明白答案，但是希望读者们能仅凭头脑的想象来解开这道题。

☆据库信息

江户时代的“报纸”也是用木版印刷的，一次能印制的数量似乎不会很多。

问题

公元 1999 年

（限时 2 小时）

这里正在举行 1999 年头脑奥林匹克大赛，一道大学级的问题难住了大家。

“如图所示的三角形，三条边分别由两根、三根、四根火柴棒搭成。请使用两根火柴棒，将这个三角形的面积准确地分成两份。火柴棒不能折叠、弯曲，也不能有剩余，分割的结果要一目了然。”

答案

如图所示。

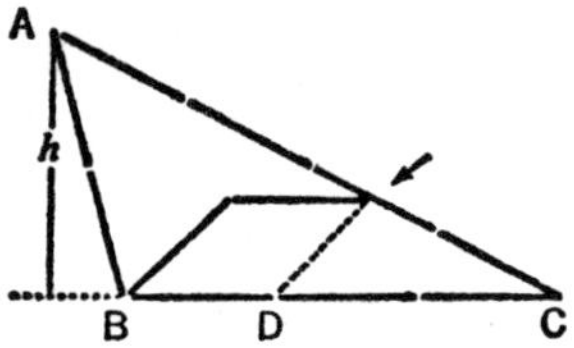

☆电脑的分析

在上图箭头所示的那根火柴棒的中央放置一根与底边平行的火柴棒，其左侧与 B 点的距离，正好也是一根火柴棒的距离。（箭头所指的火柴棒的中央到 D 点的距离正好也是一根火柴棒的距离）。通过计算可以确定两部分的面积相等（将三角形的高设为“h”）。

问题

公元1955年

（限时3分钟）

电视里刚刚开始播放一部电视剧，情节是这样的：

A患了不治之症，将不久于人世。他的妻子已经先他而去，他只有一个儿子，暂且称儿子为B。临终前，A把B叫到床边，将遗嘱交给他，然后咽了气。B在母亲死后，一直与父亲生活在一起。但是，B把遗嘱打开一看，他只获得了遗产的三分之一。A的父母已经过世，在妻子死后也没有再娶，B也是未婚。请问这是怎么回事？

答案

B有两个姐姐，在母亲未过世时已经出嫁。

☆电脑的分析

听到答案时，你可能会觉得怎么这么简单，但是肯定会有人因为思维被卡住而毫无头绪。稍稍把目光投向现实生活，应该多少会留意到类似的情况吧！

☆数据库信息

19世纪后半期，第一台电视机在欧洲试验成功。日本从20世纪20年代开始进行电视机的研究工作。1953年开始由NHK和另外两家民间放送机构播放节目。

问题

公元 1120 年

（限时 4 分钟）

这里是吴哥窟的建造现场。如图所示，有八块同样大小的立方体石块堆积在一起。将 P 到 A 的长度设为“1”，那么 P 到 B 的长度就是“2”。那么，从 P 开始长度为“3”的话，在这个立方体的什么位置？当然，这里测的都是直线距离。

答案

如图所示。此外还有在图中看不到，但位于同样位置关系上的点。

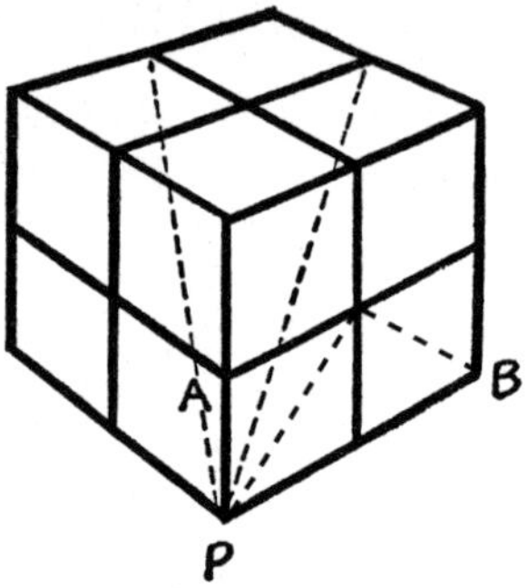

☆电脑的分析

“如果不经过很复杂的计算，是解不出来这种问题的吧？答案也许是立方体中间的哪个位置吧？”这么想的话就糟糕了。这是意外简单的一道题，利用 $2^2+2^2+1^2=3^2$ 这个算式就能得出。

☆数据库信息

公元 9 世纪至公元 15 世纪是柬埔寨北部的吴哥王朝的繁荣时期，被后人称为“吴哥遗迹”的都城和被称为“吴哥窟”的寺院都是在这段时间建造的，它们的建筑艺术精美绝伦。

问❓题

公元 710 年

（限时 1 分钟）

奈良时代，一位大臣问一名新婚的女子：“你和你的丈夫是什么样的关系？”女子回答道：“他是我父亲的姑母的长子。”请用一个词来说明男子是这名女子的什么人。

答案

丈夫。

☆电脑的分析

这道题中备好了各种圈套。不能被“我父亲的姑母的长子”所迷惑，真正的问题其实就藏在最后一句话中，什么复杂的事情都没有涉及。如果问题稍稍做一些改变，比如“他是什么样的人”，那该回答“丈夫”还是“是个很温柔的人”，就要看情况了。这就是语言的微妙之处。

问题

公元 693 年

（限时 40 分钟）

五子棋在唐朝的都城长安流行。现在，我们让规则做一些变化，要让白子连成五子，而黑子只负责防守。黑子可以连成任意多个，也可以放在任意位置。某一局，黑子先手，执白子的人说：“看我的！既然放哪儿都行，那肯定能连出五个白子。”但是，无论怎么放白子，在横向、竖向、斜向上都无法连成五个。请问黑子是怎么摆放的？请思考黑子尽可能少的情况。棋盘大小是 15 × 15 个格子。

答案

如按照左下图中摆放的话需要 81 个，而按照右图摆放的话只需要 45 个。

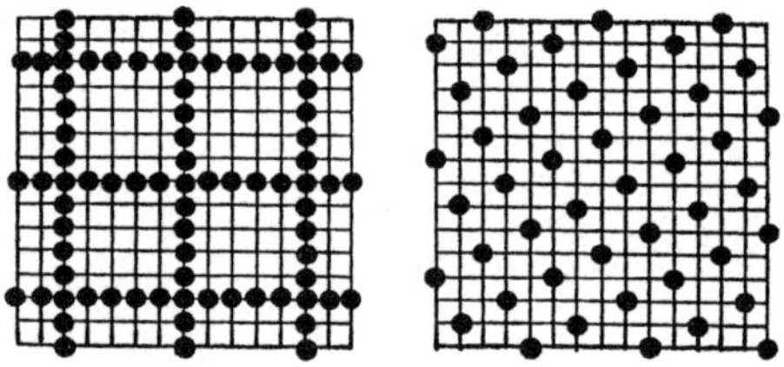

☆电脑的分析

这是一道难题。但是这类问题大多可以通过左右对称、将一部分扩大到全体，或者使用比较规则的排列方式来解决。这大概可以说是解决这类问题的唯一突破口了。

☆数据库信息

围棋，据说是距今三千年之前由中国人发明的，它流行于唐朝，并且很早就传到了日本，在《源氏物语》中就有关于围棋的描写。

问题

公元 1799 年

（限时 10 分钟）

远征途中的拿破仑发现了一块形状很奇怪的土地。

“谁能把它分成两块同样形状、同样大小的土地，我就把这块地送给谁！”

诸位不妨试一试。

答案

如图所示。

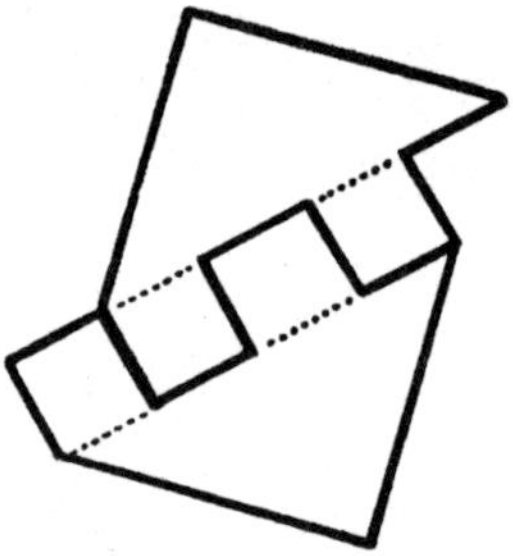

☆**电脑的分析**

这种问题可以通过各种各样的思路来解决。如上图所示，要回答本题，在图形中画两条直线就容易了。我们需要从整体的图形中寻找到适用的法则，为此，可以画一些辅助线来寻找解决办法。

☆**数据库信息**

这一年，拿破仑远征埃及，罗塞塔石碑被发现。

问题

公元 1776 年

（限时 5 分钟）

一场主题为“美国独立”的舞会上共有 10 对夫妻，但是舞伴不是固定的，每跳一支曲子都会重新抽选新的舞伴。如果男人抽到了自己的妻子，则为“幸运组合”。这种“幸运组合”可能不会出现，也可能只出现一组，也有可能全部都是。也就是说，“幸运组合”的组数，似乎有可能是“0”到“10”中的任意一个，但事实上，有一个数字是不可能出现的，请问是几？

答案

9组。如果“幸运组合”为9组，而剩下的一个人没有抽到自己的妻子，这显然是不可能的。因此如果9组都是“幸运组合”，那剩下的1组也应该是“幸运组合”。

☆电脑的分析

0、1、2、3……这样数下去，容易在不知不觉中把所有组合都算在其中，但事实并非如此。即使不知道“排列组合”的概念，单纯用推理也能得出正解。讨厌数学的人也请不要轻易放弃，努力试试看。

☆数据库信息

据说，为了纪念美国独立，自由之钟甚至都被敲击得有裂缝了。

问题

公元 1868 年

（限时 5 分钟）

如图所示，下面有 9 根火柴，组成了 3 个三角形，移动其中两根火柴，使三角形全部消失，请问该怎么移动？

答案

如图所示。

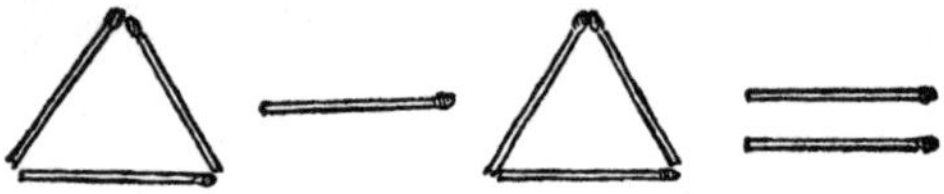

☆电脑的分析

这是“头脑体操”式的火柴游戏。如果按照题目要求一根根地移动火柴，是无法解决问题的。因此我们要开动脑筋寻找新的突破口，而这样的突破口往往体现在问题中。

问题

公元 1978 年

（限时 40 分钟）

塔格博士的时空机器结束了漫长的旅程，回到了现代。

请在下图所示的方框中添加数字“1”到“9”使等式成立，并且数字不能重复使用。

$$\square\square\square\square\square\square \div \square\square\square = 1978$$

答案

$$694278 \div 351 = 1978$$

被除数　除数　商

☆电脑的分析

除数应该比“123”大，因为“100”至“122”这些数字中，不是有“0”，就是有重复的数字。此外，最大被除数应该是“987654”。如果用 1978 除的话，结果是“499.3”，因此除数比“499”小。然后，利用计算器分别用“123”至“498”之间的数字乘以“1978”，就可以得出答案了。